MARTIN HEIDEGGER · WAS IST METAPHYSIK?

MARTIN HEIDEGGER

WAS IST METAPHYSIK?

VITTORIO KLOSTERMANN FRANKFURT AM MAIN

Der Text der Antrittsvorlesung, die am 24. Juli 1929 in der Aula der Universität Freiburg i. Br. unter dem Titel »Was ist Metaphysik?« gehalten und im selben Jahre veröffentlicht wurde, erscheint hier unverändert mit dem für die 5. Auflage (1949) neu durchgesehenen Nachwort der 4. Auflage (1943) und der Einleitung zur 5. Auflage (1949). Die ursprüngliche Fassung der für die 5. Auflage abgeänderten Textstellen des Nachwortes ist in den Fußnoten vermerkt. Seit der 5. Auflage ist der Text »Hans Carossa – Zum siebzigsten Geburtstag« gewidmet.

Die vorliegende 16. Auflage ist wort- und seitengleich mit dem Abdruck in der 3. Auflage der *Wegmarken* als Band 9 der Gesamtausgabe sowie mit der Einzelausgabe der *Wegmarken* in der Reihe *Klostermann Seminar*.

6.– 8. Tausend 2017
Sechzehnte Auflage 2007
© Vittorio Klostermann GmbH, Frankfurt am Main 1943
Druck: Hubert & Co., Göttingen
Gedruckt auf alterungsbeständigem Papier · Printed in Germany
ISBN 978-3-465-03517-6

HANS CAROSSA

Zum siebzigsten Geburtstag

EINLEITUNG

Der Rückgang in den Grund der Metaphysik

Descartes schreibt an Picot, der die Principia Philosophiae ins Französische übersetzte: Ainsi toute la Philosophie est comme un arbre, dont les racines sont la Métaphysique, le tronc est la Physique, et les branches qui sortent de ce tronc sont toutes les autres sciences . . . (Opp. ed. Ad. et Ta. IX, 14).

Wir fragen, um bei diesem Bild zu bleiben: In welchem Boden finden die Wurzeln des Baumes der Philosophie ihren Halt? Aus welchem Grunde empfangen die Wurzeln und durch sie der ganze Baum die nährenden Säfte und Kräfte? Welches Element durchwaltet, in Grund und Boden verborgen, die tragenden und nährenden Wurzeln des Baumes? Worin ruht und regt sich das Wesen der Metaphysik? Was ist die Metaphysik von ihrem Grund her gesehen? Was ist im Grunde überhaupt Metaphysik?

Sie denkt das Seiende als das Seiende. Überall, wo gefragt wird, was das Seiende sei, steht Seiendes als solches in der Sicht. Das metaphysische Vorstellen verdankt diese Sicht dem Licht[a] des Seins. Das Licht, d. h. dasjenige, was solches Denken als Licht erfährt, kommt selbst nicht mehr in die Sicht dieses Denkens; denn es stellt das Seiende stets und nur in der Hinsicht auf das Seiende vor. Aus dieser Hinsicht fragt das metaphysische Denken allerdings nach der seienden Quelle und nach einem Urheber des Lichtes. Dieses selbst gilt dadurch als erhellt genug, daß es jeder Hinsicht auf das Seiende die Durchsicht gewährt.

Wie auch immer das Seiende ausgelegt werden mag, ob als Geist im Sinne des Spiritualismus, ob als Stoff und Kraft im Sinne des Materialismus, ob als Werden und Leben, ob als Vor-

---

[a] 5. Auflage 1949: Lichtung.

stellung, ob als Wille, ob als Substanz, ob als Subjekt, ob als Energeia, ob als ewige Wiederkehr des Gleichen, jedesmal erscheint das Seiende als Seiendes im Lichte des Seins. Überall hat sich, wenn die Metaphysik das Seiende vorstellt, Sein gelichtet. Sein ist in einer Unverborgenheit (Ἀλήθεια) angekommen. Ob und wie Sein solche Unverborgenheit mit sich bringt, ob und wie gar Es selbst sich in der Metaphysik und als diese anbringt [a], bleibt verhüllt. Das Sein wird in seinem entbergenden Wesen, d. h. in seiner Wahrheit nicht gedacht. Gleichwohl spricht die Metaphysik in ihren Antworten auf ihre Frage nach dem Seienden als solchen aus der unbeachteten Offenbarkeit des Seins. Die Wahrheit des Seins kann deshalb der Grund heißen, in dem die Metaphysik als die Wurzel des Baumes der Philosophie gehalten, aus dem sie genährt wird.

Weil die Metaphysik das Seiende als das Seiende befragt, bleibt sie beim Seienden und kehrt sich nicht an das Sein als Sein. Als die Wurzel des Baumes schickt sie alle Säfte und Kräfte in den Stamm und seine Äste. Die Wurzel verzweigt sich in den Grund und Boden, damit der Baum dem Wachstum zugunsten aus ihm hervorgehen und ihn so verlassen kann. Der Baum der Philosophie entwächst dem Wurzelboden der Metaphysik. Der Grund und Boden ist zwar das Element, worin die Wurzel des Baumes west, aber das Wachstum des Baumes vermag den Wurzelboden niemals so in sich aufzunehmen, daß er als etwas Baumhaftes im Baum verschwindet. Vielmehr verlieren sich die Wurzeln bis zu den feinsten Fasern im Boden. Der Grund ist Grund für die Wurzel; in ihm vergißt sie sich zugunsten des Baumes. Die Wurzel gehört auch dann noch, wenn sie sich nach ihrer Weise dem Element des Bodens anheimgibt, dem Baum. Sie verschwendet ihr Element und sich selbst auf diesen.

---

[a] 5. Auflage 1949: An-bringen: Gewähren die Unverborgenheit und in dieser Unverborgenes, Anwesendes. Im Anwesen verbirgt sich: An-bringen von Unverborgenheit, die Anwesendes anwesen läßt. ›das Sein selbst‹ ist das Sein in seiner Wahrheit, welche Wahrheit zum Sein gehört, d. h. in welche Wahrheit ›Sein‹ entschwindet.

Sie kehrt sich als die Wurzel nicht an den Boden; wenigstens nicht in einer Weise, als sei es ihr Wesen, nur diesem Element entgegenzuwachsen und in ihm sich auszubreiten. Vermutlich ist also auch das Element nicht das Element, ohne daß die Wurzel es durchwebt.

Die Metaphysik denkt, insofern sie stets nur das Seiende als das Seiende vorstellt, nicht an das Sein selbst. Die Philosophie versammelt sich nicht auf ihren Grund[a]. Sie verläßt ihn stets, und zwar durch die Metaphysik. Aber sie entgeht ihm gleichwohl nie. Insofern ein Denken sich auf den Weg begibt, den Grund der Metaphysik zu erfahren, insofern dieses Denken versucht, an die Wahrheit des Seins selbst zu denken, statt nur das Seiende als das Seiende vorzustellen, hat das Denken die Metaphysik in gewisser Weise verlassen. Dieses Denken geht, und zwar noch von der Metaphysik her gesehen, in den Grund der Metaphysik zurück. Allein das, was so noch als Grund[b] erscheint, ist vermutlich, wenn es aus ihm selbst erfahren wird, ein Anderes und noch Ungesagtes, demgemäß auch das Wesen der Metaphysik etwas anderes ist als die Metaphysik.

Ein Denken, das an die Wahrheit des Seins denkt, begnügt sich zwar nicht mehr mit der Metaphysik; aber es denkt auch nicht gegen die Metaphysik. Es reißt, um im Bild zu sprechen, die Wurzel der Philosophie nicht aus. Es gräbt ihr den Grund und pflügt ihr den Boden. Die Metaphysik bleibt das Erste der Philosophie. Das Erste des Denkens erreicht sie nicht. Die Metaphysik ist im Denken an die Wahrheit des Seins überwunden. Der Anspruch der Metaphysik, den tragenden Bezug zum »Sein« zu verwalten und alles Verhältnis zum Seienden als solchen maßgebend zu bestimmen, wird hinfällig. Doch diese »Überwindung der Metaphysik« beseitigt die Metaphysik nicht. Solange der Mensch das animal rationale bleibt, ist er das animal metaphysicum. Solange der Mensch sich als das vernünftige Lebewesen versteht, gehört die Metaphysik nach dem

[a] 5. Auflage 1949: Sein und Grund: das Selbe.
[b] 5. Auflage 1949: Sein als Nichtgrund, G̶r̶u̶n̶d̶.

Wort Kants zur Natur des Menschen. Wohl könnte dagegen das Denken, wenn ihm glückt, in den Grund der Metaphysik zurückzugehen, einen Wandel des Wesens des Menschen mitveranlassen, mit welchem Wandel eine Verwandlung der Metaphysik einherginge.

Wenn somit bei der Entfaltung der Frage nach der Wahrheit des Seins von einer Überwindung der Metaphysik gesprochen wird, dann bedeutet dies: Andenken an das Sein selbst. Solches Andenken kommt über das bisherige Nichtdenken an den Grund der Wurzel der Philosophie hinaus. Das in »Sein und Zeit« (1927) versuchte Denken macht sich auf den Weg, die so verstandene Überwindung der Metaphysik vorzubereiten. Dasjenige aber, was ein solches Denken auf seinen Weg bringt, kann doch nur das zu Denkende selbst sein [a]. Daß das Sein selber und wie das Sein selbst hier ein Denken angeht, steht nie zuerst und nie allein beim Denken. Daß und wie das Sein selbst ein Denken trifft, bringt dieses auf den Sprung, dadurch es dem Sein selbst entspringt, um so dem Sein als solchem zu entsprechen [b].

Warum ist denn aber eine so geartete Überwindung der Metaphysik nötig? Soll auf diese Weise nur diejenige Disziplin der Philosophie, die bisher die Wurzel war, durch eine ursprünglichere unterbaut und ersetzt werden? Handelt es sich um eine Veränderung des Lehrgebäudes der Philosophie? Nein. Oder soll durch den Rückgang in den Grund der Metaphysik eine bisher übersehene Voraussetzung der Philosophie aufgedeckt und dieser vorgerechnet werden, daß sie noch nicht auf ihrem unerschütterlichen Fundament stehe und deshalb noch nicht die absolute Wissenschaft sein könne? Nein.

Anderes steht mit der Ankunft oder dem Ausbleiben der Wahrheit des Seins auf dem Spiel: nicht die Verfassung der Philosophie, nicht nur die Philosophie selbst, sondern die Nähe und Ferne von Jenem, woraus die Philosophie als das vorstel-

[a] 5. Auflage 1949: was *heißt* Denken?
[b] 5. Auflage 1949: Ereignis.

lende Denken des Seienden als solchen ihr Wesen und ihre Notwendigkeit empfängt. Zur Entscheidung steht, ob das Sein selber aus seiner ihm eigenen Wahrheit seinen Bezug zum Wesen des Menschen ereignen kann [a] oder ob die Metaphysik in ihrer Abkehr von ihrem Grunde fernerhin verwehrt, daß der Bezug des Seins zum Menschen aus dem Wesen dieses Bezugs selber zu einem Leuchten kommt, das den Menschen zum Gehören in das Sein bringt.

Die Metaphysik hat in ihren Antworten auf ihre Frage nach dem Seienden als solchen vor diesem schon das Sein vorgestellt. Sie spricht Sein notwendig aus und darum ständig. Aber die Metaphysik bringt das Sein selbst nicht zur Sprache, weil sie das Sein nicht in seiner Wahrheit und die Wahrheit nicht als die Unverborgenheit und diese nicht in ihrem Wesen [b] bedenkt. Das Wesen der Wahrheit erscheint der Metaphysik immer nur in der schon abkünftigen Gestalt der Wahrheit der Erkenntnis und der Aussage dieser. Unverborgenheit könnte aber Anfänglicheres sein als Wahrheit im Sinne der veritas [c]. Ἀλήθεια könnte das Wort sein, das einen noch nicht erfahrenen Wink in das ungedachte Wesen des esse gibt. Stünde es so, dann könnte freilich das vorstellende Denken der Metaphysik dieses Wesen der Wahrheit nie erreichen, mag es sich auch noch so eifrig um die vorsokratische Philosophie historisch bemühen; denn es handelt sich nicht um irgendeine Renaissance des vorsokratischen Denkens — solches Vorhaben wäre eitel und widersinnig — sondern um das Achten auf die Ankunft des noch ungesagten Wesens der Unverborgenheit, als welche das Sein sich angekündigt hat [d]. Inzwischen bleibt der Metaphysik während ihrer Geschichte von Anaximander bis zu Nietzsche die Wahrheit des Seins verborgen. Weshalb denkt die Metaphysik an sie nicht? Hängt das

---

[a] 5. Auflage 1949: Brauch.
[b] 5. Auflage 1949: entbergende bergende Ge-währnis als Ereignis.
[c] 5. Auflage 1949: Veritas bei Thomas immer in intellectu, und sei dies der intellectus divinus.
[d] 5. Auflage 1949: Sein, Wahrheit, Welt, Sein, Ereignis.

Unterlassen solchen Andenkens nur an der Art des metaphysischen Denkens? Oder gehört es zum Wesensgeschick der Metaphysik, daß sich ihr der eigene Grund entzieht, weil im Aufgehen der Unverborgenheit überall das Wesende in dieser, nämlich die Verborgenheit [a], ausbleibt, und zwar zugunsten des Unverborgenen, das so gerade erst als das Seiende erscheinen kann?

Nun spricht aber die Metaphysik ständig und in den verschiedensten Abwandlungen das Sein aus. Sie selbst erweckt und befestigt den Anschein, als sei durch sie die Frage nach dem Sein gefragt und beantwortet. Allein, die Metaphysik antwortet nirgends auf die Frage nach der Wahrheit des Seins, weil sie diese Frage nie fragt. Sie fragt nicht, weil sie das Sein nur denkt, indem sie das Seiende als das Seiende vorstellt. Sie meint das Seiende im Ganzen und spricht vom Sein. Sie nennt das Sein und meint das Seiende als das Seiende. Das Aussagen der Metaphysik bewegt sich von ihrem Beginn bis in ihre Vollendung auf eine seltsame Weise in einer durchgängigen Verwechslung [b] von Seiendem und Sein. Diese Verwechslung ist freilich als Ereignis zu denken, nicht als ein Fehler. Sie kann ihren Grund keineswegs in einer bloßen Nachlässigkeit des Denkens haben oder in einer Flüchtigkeit des Sagens. Dieser durchgängigen Verwechslung zufolge gelangt das Vorstellen auf den Gipfel der Verwirrung, wenn man behauptet, die Metaphysik stelle die Seinsfrage.

Fast scheint es, als sei die Metaphysik durch die Art, wie sie das Seiende denkt, dahin gewiesen, ohne ihr Wissen die Schranke zu sein, die dem Menschen den anfänglichen [c] Bezug des Seins [d] zum Menschenwesen verwehrt.

a   5. Auflage 1949: *Λήϑη* als Verbergung.
b   5. Auflage 1949: Verwechslung: die Gebundenheit in das Hinüber zu Sein und das Herüber zu Seiendem. Eines steht stets *im* anderen und *für* das andere, ›Auswechslung‹, ›Wechsel‹, bald so, bald so.
c   5. Auflage 1949: Das an-fangende, im An-fangen wesende Ereignis — brauchend — die Enteignis.
d   5. Auflage 1949: Sein selbst = ~~Sein~~.

Wie aber, wenn das Ausbleiben dieses Bezugs und die Vergessenheit dieses Ausbleibens von weither das moderne Weltalter bestimmten? Wie, wenn das Ausbleiben des Seins den Menschen immer ausschließlicher nur dem Seienden überließe, so daß der Mensch vom Bezug des Seins zu seinem (des Menschen) Wesen fast verlassen und diese Verlassenheit zugleich verhüllt bliebe? Wie, wenn es so wäre und wenn es seit langem schon so wäre? Wie, wenn Zeichen dahin deuteten, als wolle diese Vergessenheit inskünftig sich noch entschiedener in der Vergessenheit einrichten?

Wäre da für einen Denkenden noch ein Anlaß, vor diesem Geschick des Seins sich überheblich zu gebärden? Wäre, wenn es so stünde, noch ein Anlaß, in solcher Seinsverlassenheit sich anderes vorzugaukeln und dies gar aus einer selbstgemachten gehobenen Stimmung? Wäre, wenn es mit der Seinsvergessenheit so stünde, nicht Veranlassung genug, daß ein Denken, das an das Sein denkt, in den Schrecken gerät, demgemäß es nichts anderes vermag, als dieses Geschick des Seins in der Angst auszuhalten, um erst das Denken an die Seinsvergessenheit zum Austrag zu bringen? Ob jedoch ein Denken dies vermöchte, solange ihm die so zugeschickte Angst nur eine gedrückte Stimmung wäre? Was hat das Seinsgeschick dieser Angst mit Psychologie und Psychoanalyse zu tun?

Gesetzt aber, der Überwindung der Metaphysik entspräche das Bemühen, erst einmal auf die Seinsvergessenheit achten zu lernen, um sie zu erfahren und diese Erfahrung in den Bezug des Seins zum Menschen aufzunehmen und darin zu verwahren, dann bliebe die Frage »Was ist Metaphysik?« in der Not der Seinsvergessenheit doch vielleicht das Notwendigste alles Notwendigen für das Denken.

So liegt alles daran, daß zu seiner Zeit das Denken denkender werde. Dahin kommt es, wenn das Denken, statt einen höheren Grad seiner Anstrengung zu bewerkstelligen, in eine andere Herkunft gewiesen ist. Dann wird das vom Seienden als solchem gestellte und darum vorstellende und dadurch erhellende

Denken abgelöst durch ein vom Sein selbst ereignetes und darum dem Sein höriges Denken.

Überlegungen darüber, wie sich das überall noch metaphysische und nur metaphysische Vorstellen in wirksamer und nützlicher Weise zur unmittelbaren Aktion im täglichen und öffentlichen Leben bringen lasse, schweifen im Leeren. Denn je denkender das Denken wird, je entsprechender es sich aus dem Bezug des Seins zu ihm vollzieht, um so reiner steht das Denken von selbst schon in dem einen ihm allein gemäßen Handeln: im Denken des ihm Zu-gedachten[a] und deshalb schon Gedachten.

Doch wer denkt noch an Gedachtes? Man macht Erfindungen. Das Denken auf einen Weg zu bringen, durch den es in den Bezug der Wahrheit des Seins zum Wesen des Menschen gelangt, dem Denken einen Pfad zu öffnen, damit es das Sein selbst in seiner Wahrheit[b] eigens bedenke, dahin ist das in »Sein und Zeit« versuchte Denken »unterwegs«. Auf diesem Weg, und das sagt, im Dienst der Frage nach der Wahrheit des Seins, wird eine Besinnung auf das Wesen des Menschen nötig; denn die unausgesprochene, weil erst zu erweisende Erfahrung der Seinsvergessenheit schließt die alles tragende Vermutung ein, gemäß der Unverborgenheit des Seins gehöre der Bezug des Seins zum Menschenwesen gar zum Sein selbst. Doch wie könnte dieses erfahrene Vermuten auch nur zur ausgesprochenen Frage werden, ohne zuvor alle Bemühung darein zu legen, die Wesensbestimmung des Menschen aus der Subjektivität, aber auch aus derjenigen des animal rationale herauszunehmen? Um sowohl den Bezug des Seins zum Wesen des Menschen als auch das Wesensverhältnis des Menschen zur Offenheit (»Da«) des Seins als solchen zugleich und in einem Wort zu treffen, wurde für den Wesensbereich, in dem der Mensch als Mensch steht, der Name »Dasein« gewählt. Dies geschah, trotzdem die Metaphysik diesen Namen für das gebraucht, was sonst mit existentia, Wirk-

[a] 5. Auflage 1949: Zu-gesagten, Ge-währten, Ereigneten.
[b] 5. Auflage 1949: Wahrnis als Ereignis.

lichkeit, Realität und Objektivität benannt wird, trotzdem sogar die gewöhnliche Redeweise vom »menschlichen Dasein« in der metaphysischen Bedeutung des Wortes zu sprechen pflegt. Darum wird nun auch jedes Nach-denken verbaut, wenn man sich begnügt festzustellen, in »Sein und Zeit« werde statt »Bewußtsein« das Wort »Dasein« gebraucht. Als ob hier der bloße Gebrauch verschiedener Wörter zur Verhandlung stünde, als ob es sich nicht um das Eine und Einzige handelte, den Bezug des Seins zum Wesen des Menschen und damit, von uns aus gedacht [a], zunächst eine für das leitende Fragen hinreichende Wesenserfahrung vom Menschen vor das Denken zu bringen. Weder tritt nur das Wort »Dasein« an die Stelle des Wortes »Bewußtsein«, noch tritt die »Dasein« genannte »Sache« an die Stelle dessen, was man beim Namen »Bewußtsein« vorstellt. Vielmehr ist mit »Dasein« solches genannt, was erst einmal als Stelle [b], nämlich als die Ortschaft der Wahrheit des Seins erfahren und dann entsprechend gedacht werden soll.

Woran im Wort »Dasein« überall durch die Abhandlung von »Sein und Zeit« hindurch gedacht ist, darüber gibt schon der Leitsatz (S. 42) eine Auskunft, der lautet: »Das ›Wesen‹ des Daseins liegt in seiner Existenz.«

Bedenkt man freilich, daß in der Sprache der Metaphysik das Wort »Existenz« dasselbe nennt, was »Dasein« meint, nämlich die Wirklichkeit jedes beliebigen Wirklichen von Gott bis zum Sandkorn, dann wird durch den Satz, wenn man ihn nur geradehin versteht, die Schwierigkeit des zu Denkenden nur vom Wort »Dasein« auf das Wort »Existenz« abgeschoben. Der Name »Existenz« ist in S. u. Z. ausschließlich als Bezeichnung des Seins des Menschen gebraucht. Von der recht gedachten »Existenz« her läßt sich das »Wesen« des Daseins denken, in dessen Offenheit das Sein selbst sich bekundet und verbirgt, gewährt und entzieht, ohne daß sich diese Wahrheit des Seins im

[a] 5. Auflage 1949: aber nicht mehr von ›uns‹ als Subjekten.
[b] 5. Auflage 1949: Unzureichend gesagt: die sterblich bewohnte Ortschaft, die sterbliche Gegend der Ortschaft.

Dasein erschöpft oder gar mit ihm sich in eins setzen läßt nach der Art des metaphysischen Satzes: alle Objektivität ist als solche Subjektivität.

Was bedeutet »Existenz« in S. u. Z.? Das Wort nennt eine Weise des Seins, und zwar das Sein desjenigen Seienden, das offen steht für die Offenheit des Seins, in der es steht, indem es sie aussteht. Dieses Ausstehen wird unter dem Namen »Sorge« erfahren. Das ekstatische Wesen des Daseins ist von der Sorge her gedacht, so wie umgekehrt die Sorge nur in ihrem ekstatischen Wesen zureichend erfahren wird. Das so erfahrene Ausstehen ist das Wesen der hier zu denkenden Ekstasis. Das ekstatische Wesen der Existenz wird deshalb auch dann noch unzureichend verstanden, wenn man es nur als »Hinausstehen« vorstellt und das »Hinaus« als das »Weg von« dem Innern einer Immanenz des Bewußtseins und des Geistes auffaßt; denn so verstanden, wäre die Existenz immer noch von der »Subjektivität« und der »Substanz« her vorgestellt, während doch das »Aus« als das Auseinander der Offenheit des Seins selbst zu denken bleibt. Die Stasis des Ekstatischen beruht, so seltsam es klingen mag, auf dem Innestehen im »Aus« und »Da« der Unverborgenheit, als welche das Sein selbst west. Das, was im Namen »Existenz« zu denken ist, wenn das Wort innerhalb des Denkens gebraucht wird, das auf die Wahrheit des Seins zu und aus ihr her denkt, könnte das Wort »Inständigkeit« am schönsten nennen. Nur müssen wir dann zumal das Innestehen in der Offenheit des Seins, das Austragen des Innestehens (Sorge) und das Ausdauern im Äußersten (Sein zum Tode)[a] zusammen und als das volle Wesen der Existenz denken[b].

Das Seiende, das in der Weise der Existenz ist, ist der Mensch. Der Mensch allein existiert. Der Fels ist, aber er existiert nicht. Der Baum ist, aber er existiert nicht. Das Pferd ist, aber es existiert nicht. Der Engel ist, aber er existiert nicht. Gott ist, aber

[a] 5. Auflage 1949: Auf sich zu-kommen lassen den Tod, sich halten in der Ankunft des Todes als des Ge-Birgs des Seins.
[b] 5. Auflage 1949: Wohnen, das ›bauende‹.

er existiert nicht. Der Satz: »Der Mensch allein existiert«, bedeutet keineswegs, nur der Mensch sei ein wirklich Seiendes, alles übrige Seiende aber sei unwirklich und nur ein Schein oder die Vorstellung des Menschen. Der Satz: »Der Mensch existiert«, bedeutet: der Mensch ist dasjenige Seiende, dessen Sein durch das offenstehende Innestehen in der Unverborgenheit des Seins, vom Sein her, im Sein ausgezeichnet ist. Das[a] existenziale Wesen des Menschen ist der Grund dafür, daß der Mensch Seiendes als ein solches vorstellen und vom Vorgestellten ein Bewußtsein haben kann. Alles Bewußtsein setzt die ekstatisch gedachte Existenz als die essentia des Menschen voraus, wobei essentia das bedeutet, als was der Mensch west, sofern er Mensch ist. Das Bewußtsein dagegen schafft weder erst die Offenheit von Seiendem, noch verleiht es erst dem Menschen das Offenstehen für das Seiende. Wohin und woher und in welcher freien Dimension sollte sich denn alle Intentionalität des Bewußtseins bewegen, wenn der Mensch nicht schon in der Inständigkeit sein Wesen hätte? Was anderes kann, falls man je ernstlich daran gedacht hat, das Wort »-sein« in den Namen »Bewußtsein« und »Selbstbewußtsein« nennen als das existenziale Wesen dessen, das ist, indem es existiert? Ein Selbst zu sein, kennzeichnet zwar das Wesen desjenigen Seienden, das existiert, aber die Existenz besteht weder im Selbstsein, noch bestimmt sie sich aus diesem. Weil jedoch das metaphysische Denken das Selbstsein des Menschen von der Substanz her oder, was im Grunde das Selbe ist, vom Subjekt her bestimmt, deshalb muß der erste Weg, der von der Metaphysik zum ekstatisch-existenzialen Wesen des Menschen hinleitet, durch die metaphysische Bestimmung des Selbstseins des Menschen hindurchführen (S. u. Z. §§ 63 u. 64).

Weil nun aber die Frage nach der Existenz jederzeit nur im Dienste der einzigen Frage des Denkens steht, nämlich der erst zu entfaltenden Frage nach der Wahrheit des Seins als dem verborgenen Grunde aller Metaphysik, deshalb lautet der Titel

---

[a] 5. Auflage 1949: ereignet-gebrauchte.

der Abhandlung, die den Rückgang in den Grund der Metaphysik versucht, nicht »Existenz und Zeit«, auch nicht »Bewußtsein und Zeit«, sondern »Sein und Zeit«. Dieser Titel läßt sich aber auch nicht in der Entsprechung zu den sonst geläufigen denken: Sein und Werden, Sein und Schein, Sein und Denken, Sein und Sollen. Denn hier ist überall das Sein noch eingeschränkt vorgestellt, gleich als gehörten »Werden«, »Schein«, »Denken«, »Sollen« nicht zum Sein, während sie doch offenkundig nicht nichts sind und darum zum Sein gehören. »Sein« ist in »Sein und Zeit« nicht etwas anderes als »Zeit«, insofern die »Zeit« als der Vorname für die Wahrheit des Seins genannt wird, welche Wahrheit das Wesende des Seins und so das Sein selbst ist. Weshalb nun aber »Zeit« und »Sein«?

Das Andenken an den Anfang der Geschichte, in der sich das Sein im Denken der Griechen enthüllt, kann zeigen, daß die Griechen von früh an das Sein des Seienden als die Anwesenheit des Anwesenden erfuhren. Wenn wir εἶναι durch »sein« übersetzen, dann ist die Übersetzung sprachlich richtig. Wir ersetzen jedoch nur einen Wortlaut durch einen anderen. Prüfen wir uns, dann stellt sich alsbald heraus, daß wir weder εἶναι griechisch denken, noch eine entsprechend klare und eindeutige Bestimmung von »sein« denken. Was sagen wir also, wenn wir statt εἶναι »sein« und statt »sein« εἶναι und esse sagen? Wir sagen nichts. Das griechische und das lateinische und das deutsche Wort bleiben in der gleichen Weise stumpf. Wir verraten uns bei dem gewohnten Gebrauch lediglich als Schrittmacher der größten Gedankenlosigkeit, die je innerhalb des Denkens aufgekommen und bis zur Stunde in der Herrschaft geblieben ist. Jenes εἶναι aber sagt: anwesen. Das Wesen dieses Anwesens ist tief geborgen in den anfänglichen Namen des Seins. Für uns aber sagt εἶναι und οὐσία als παρ- und ἀπουσία zuvor dies: im Anwesen waltet ungedacht und verborgen Gegenwart und Andauern, west Zeit. Sein als solches ist demnach unverborgen aus Zeit. So verweist Zeit auf die Unverborgenheit, d.h. die Wahrheit von Sein. Aber die jetzt zu denkende Zeit ist nicht erfahren am veränderlichen Ablauf des Seienden. Zeit ist offenbar noch ganz anderen Wesens [a], das durch den Zeitbegriff der Metaphysik nicht nur noch nicht gedacht, sondern niemals zu denken ist. So wird Zeit der erst zu bedenkende Vorname für die allererst zu erfahrende Wahrheit des Seins.

Wie in den ersten metaphysischen Namen des Seins ein verborgenes Wesen von Zeit anspricht, so in seinem letzten Namen: in der »ewigen Wiederkunft des Gleichen«. Die Geschichte des Seins ist in der Epoche der Metaphysik [b] von einem ungedachten Wesen der Zeit durchwaltet. Dieser Zeit ist der Raum nicht neben-, aber auch nicht nur eingeordnet [c].

Ein Versuch, vom Vorstellen des Seienden als solchen in das Denken an die Wahrheit des Seins überzugehen, muß, von jenem Vorstellen ausgehend, in gewisser Weise auch die Wahrheit des Seins noch vorstellen, so daß dieses Vorstellen notwendig anderer Art und schließlich als Vorstellen dem zu Denkenden ungemäß bleibt. Dieses aus der Metaphysik herkommende, auf den Bezug der Wahrheit des Seins zum Menschenwesen eingehende Verhältnis wird als »Verstehen« gefaßt. Aber das Verstehen ist hier zugleich aus der Unverborgenheit des Seins her gedacht. Es ist der ekstatische, d. h. im Bereich des Offenen innestehende geworfene Entwurf [d]. Der Bereich, der sich im Entwerfen als offener zustellt [e], damit in ihm etwas (hier das Sein) sich als etwas (hier das Sein als es selbst in seiner Unverborgenheit) erweise, heißt der Sinn [f] (vgl. S. u. Z. S. 151). »Sinn von Sein« und »Wahrheit des Seins« sagen das Selbe.

Gesetzt, die Zeit gehöre in einer noch verborgenen Weise zur Wahrheit des Seins, dann muß jedes entwerfende Offenhalten

---

[a] 5. Auflage 1949: Zeit ist vierdimensional: Die *erste*, alles versammelnde Dimension ist die *Nähe*.

[b] 5. Auflage 1949: Diese Epoche ist die ganze Geschichte des Seins.

[c] 5. Auflage 1949: Zeit-Raum.

[d] 5. Auflage 1949: Geworfenheit und Ereignis. Werfen, Zu-werfen, Schicken; Ent-Wurf: dem Wurf entsprechen.

[e] 5. Auflage 1949: sich zu-bringt.

[f] 5. Auflage 1949: Sinn — Wegrichtung des Sach-Verhalts.

der Wahrheit des Seins als Verstehen von Sein in die Zeit als den möglichen[a] Horizont des Seinsverständnisses hinaussehen (vgl. S. u. Z. §§ 31—34 u. 68).

Das Vorwort zu »Sein und Zeit« auf der ersten Seite der Abhandlung schließt mit den Sätzen: »Die konkrete Ausarbeitung der Frage nach dem Sinn von ›Sein‹ ist die Absicht der folgenden Abhandlung. Die Interpretation der Zeit als des möglichen Horizontes eines jeden Seinsverständnisses überhaupt ist ihr vorläufiges Ziel.«

Einen deutlicheren Beleg für die Macht der Seinsvergessenheit, in die alle Philosophie versunken ist, die aber zugleich der geschickhafte Anspruch an das Denken in S. u. Z. geworden und geblieben ist, konnte die Philosophie nicht leicht aufbringen als durch die nachtwandlerische Sicherheit, mit der sie an der eigentlichen und einzigen Frage von S. u. Z. vorbeiging. Darum handelt es sich auch nicht um Mißverständnisse gegenüber einem Buch, sondern um unsere Verlassenheit vom Sein.

Die Metaphysik sagt, was das Seiende als das Seiende ist. Sie enthält einen λόγος (Aussage) über das ὄν (das Seiende). Der spätere Titel »Ontologie« kennzeichnet ihr Wesen, gesetzt freilich, daß wir ihn nach seinem eigentlichen Gehalt und nicht in der schulmäßigen Verengung auffassen. Die Metaphysik bewegt sich im Bereich des ὄν ᾗ ὄν. Ihr Vorstellen gilt dem Seienden als dem Seienden. In solcher Weise stellt die Metaphysik überall das Seiende als solches im Ganzen, die Seiendheit des Seienden vor (die οὐσία des ὄν). Aber die Metaphysik stellt die Seiendheit des Seienden in zwiefacher Weise vor: einmal das Ganze des Seienden als solchen im Sinne seiner allgemeinsten Züge (ὄν καθόλου, κοινόν); zugleich aber das Ganze des Seienden als solchen im Sinne des höchsten und darum göttlichen Seienden (ὄν καθόλου, ἀκρότατον, θεῖον). Die Unverborgenheit des Seienden als eines solchen hat sich in der Metaphysik des Aristoteles eigens in dieses Zwiefache herausgebildet (vgl. Met. Γ, E, K).

[a] 5. Auflage 1949: ermöglichenden.

Die Metaphysik ist in sich, und zwar weil sie das Seiende als das Seiende zur Vorstellung bringt, zwiefach-einig die Wahrheit des Seienden im Allgemeinen und im Höchsten. Sie ist ihrem Wesen nach zugleich Ontologie im engeren Sinne und Theologie. Dieses onto-theologische Wesen der eigentlichen Philosophie (πρώτη φιλοσοφία) muß wohl in der Art begründet sein, wie sich ihr das ὄν, nämlich als ὄν, ins Offene bringt. Der theologische Charakter der Ontologie beruht somit nicht darauf, daß die griechische Metaphysik später von der kirchlichen Theologie des Christentums aufgenommen und durch diese umgebildet wurde. Er beruht vielmehr in der Art, wie sich von früh an das Seiende als das Seiende entborgen hat. Diese Unverborgenheit des Seienden gab erst die Möglichkeit, daß sich die christliche Theologie der griechischen Philosophie bemächtigte, ob zu ihrem Nutzen, ob zu ihrem Schaden, das mögen die Theologen aus der Erfahrung des Christlichen entscheiden, indem sie bedenken, was im ersten Korintherbrief des Apostels Paulus geschrieben steht: *οὐχὶ ἐμώρανεν ὁ θεὸς τὴν σοφίαν τοῦ κόσμου;* hat nicht zur Torheit werden lassen der Gott die Weisheit der Welt? (I. Kor. 1, 20). Die σοφία τοῦ κόσμου aber ist das, was nach 1, 22 die Ἕλληνες ζητοῦσιν, was die Griechen suchen. Aristoteles nennt die πρώτη φιλοσοφία (die eigentliche Philosophie) sogar ausdrücklich ζητουμένη — die gesuchte. Ob die christliche Theologie sich noch einmal entschließt, mit dem Wort des Apostels und ihm gemäß mit der Philosophie als einer Torheit Ernst zu machen?

Die Metaphysik ist als die Wahrheit des Seienden als solchen zwiegestaltig. Aber der Grund dieser Zwiegestalt und gar seine Herkunft bleiben der Metaphysik verschlossen, und zwar nicht zufällig oder zufolge eines Versäumnisses. Die Metaphysik nimmt diese Zwiegestalt dadurch hin, daß sie ist, was sie ist: das Vorstellen des Seienden als des Seienden. Der Metaphysik bleibt keine Wahl. Als Metaphysik ist sie von der Erfahrung des Seins durch ihr eigenes Wesen ausgeschlossen; denn sie stellt das Seiende (ὄν) stets nur in dem vor, was sich als Seiendes (ᾗ ὄν) schon von diesem her gezeigt hat. Die Metaphysik achtet jedoch dessen nie, was sich gerade in diesem ὄν, insofern es unverborgen wurde, auch schon verborgen hat.

So konnte es zu seiner Zeit nötig werden, erneut dem nachzudenken, was denn mit dem ὄν, dem Wort »seiend«, eigentlich gesagt sei. Demgemäß wurde die Frage nach dem ὄν wieder in das Denken geholt (vgl. S. u. Z. Vorwort). Allein dieses Wiederholen redet die platonisch-aristotelische Frage nicht bloß nach, sondern fragt in das zurück, was sich im ὄν verbirgt[a].

Auf dieses Verborgene im ὄν bleibt die Metaphysik gegründet, wenn anders sie ihr Vorstellen dem ὄν ᾗ ὄν widmet. Das Zurückfragen in dieses Verborgene sucht daher, von der Metaphysik her gesehen, das Fundament für die Ontologie. Darum nennt sich das Vorgehen in »Sein und Zeit« (S. 13) »Fundamentalontologie«. Allein der Titel erweist sich alsbald wie jeder Titel in diesem Fall als mißlich. Von der Metaphysik her gedacht, sagt er zwar Richtiges; doch gerade deshalb führt er irre; denn es gilt, den Übergang von der Metaphysik in das Denken an die Wahrheit des Seins zu gewinnen. Solange dieses Denken sich selber noch als Fundamentalontologie bezeichnet, stellt es sich mit dieser Benennung selbst in den eigenen Weg und verdunkelt ihn. Der Titel »Fundamentalontologie« legt nämlich die Meinung nahe, das Denken, das die Wahrheit des Seins zu denken versucht und nicht wie alle Ontologie die Wahrheit des Seienden, sei als Fundamentalontologie selbst noch eine Art von Ontologie. Indessen hat das Denken an die Wahrheit des Seins als der Rückgang in den Grund der Metaphysik den Bereich aller Ontologie schon mit dem ersten Schritt verlassen. Dagegen bleibt jede Philosophie, die sich im mittelbaren oder unmittelbaren Vorstellen der »Transzendenz« bewegt, notwendig Ontologie im wesentlichen Sinn, mag sie eine Grundlegung der Ontologie bewerkstelligen oder mag sie die Ontologie der Versiche-

---

[a] 5. Auflage 1949: der Unterschied.

rung nach als begriffliche Erstarrung des Erlebens zurückweisen.

Wenn nun freilich das Denken, das versucht, die Wahrheit des Seins zu denken und zwar im Herkommen aus der langen Gewohnheit des Vorstellens des Seienden als solchen, sogar selbst sich in diesem Vorstellen verfängt, dann wird vermutlich sowohl zu einer ersten Besinnung als auch zur Veranlassung des Übergangs vom vorstellenden in das andenkende Denken nichts nötiger sein als die Frage: Was ist Metaphysik?

Die Entfaltung dieser Frage durch die folgende Vorlesung endet ihrerseits in eine Frage. Sie heißt die Grundfrage der Metaphysik und lautet: Warum ist überhaupt Seiendes und nicht vielmehr Nichts? Man hat inzwischen viel über die Angst und das Nichts, die in der Vorlesung zur Sprache kommen, hin- und hergeredet. Man hat sich aber noch nie einfallen lassen, zu überlegen, weshalb eine Vorlesung, die aus dem Denken an die Wahrheit des Seins her an das Nichts und von da in das Wesen der Metaphysik zu denken versucht, die genannte Frage als die Grundfrage der Metaphysik in Anspruch nimmt. Legt dies einem aufmerksamen Hörer nicht ein Bedenken förmlich auf die Zunge, das gewichtiger sein muß denn alles Eifern gegen die Angst und das Nichts? Wir sehen uns durch die Schlußfrage vor das Bedenken gestellt, daß eine Besinnung, die auf dem Weg über das Nichts an das Sein zu denken versucht, am Ende wieder zu einer Frage nach dem Seienden zurückkehrt. Insofern diese Frage gar noch in der herkömmlichen Weise der Metaphysik am Leitfaden des Warum? kausal fragt, wird das Denken an das Sein zugunsten der vorstellenden Erkenntnis von Seiendem aus Seiendem völlig verleugnet. Zu allem Überfluß ist die Schlußfrage offenbar die Frage, die der Metaphysiker Leibniz in seinen Principes de la nature et de la grâce gestellt hat: pourquoi il y a plutôt quelque chose que rien? (Opp. ed. Gerh. tom. VI, 602. n. 7).

Fällt also, was an sich bei der Schwere des Übergangs von der Metaphysik in das andere Denken möglich wäre, die Vorlesung hinter ihr eigenes Vorhaben zurück? Fragt sie an ihrem Ende mit Leibniz[a] die metaphysische Frage nach der obersten Ursache aller seienden Sachen? Warum ist dann, was sich wohl schickte, der Name Leibniz nicht genannt?

Oder wird die Frage in einem ganz anderen Sinne gefragt? Wenn sie nicht beim Seienden anfragt und für dieses die erste seiende Ursache erkundet, dann muß die Frage bei dem ansetzen, was nicht das Seiende ist. Solches nennt die Frage und schreibt es groß: Das Nichts, das die Vorlesung als ihr einziges Thema bedacht hat. Die Forderung liegt nahe, das Ende dieser Vorlesung einmal aus ihrem eigenen, sie überall leitenden Gesichtskreis zu durchdenken. Das, was die Grundfrage der Metaphysik genannt ist, wäre dann fundamentalontologisch als die Frage aus dem Grunde der Metaphysik und als die Frage nach diesem Grunde zu vollziehen.

Wie sollen wir aber dann, wenn wir der Vorlesung zugestehen, daß sie an ihrem Ende auf ihr eigenes Anliegen zudenkt, die Frage verstehen?

Sie lautet: Warum ist überhaupt Seiendes und nicht vielmehr Nichts? Hier kann auch, gesetzt daß wir nicht mehr innerhalb der Metaphysik in der gewohnten Weise metaphysisch, sondern aus dem Wesen und der Wahrheit der Metaphysik an die Wahrheit des Seins denken, dies gefragt sein: Woher kommt es, daß überall Seiendes den Vorrang hat und jegliches »ist« für sich beansprucht, während das, was nicht ein Seiendes ist, das so verstandene Nichts als das Sein selbst, vergessen bleibt? Woher kommt es, daß Es[b] mit dem Sein[c] eigentlich nichts ist und das Nichts eigentlich nicht west? Kommt gar von hier der unerschütterte Anschein in alle Metaphysik, daß sich »Sein« von selbst verstehe und daß sich demzufolge das Nichts leichter mache als Seiendes? So steht es in der Tat um Sein und Nichts. Stünde es anders, dann könnte Leibniz an der genannten Stelle

[a] 5. Auflage 1949: und Schelling.
[b] 5. Auflage 1949: für die Metaphysik.
[c] 5. Auflage 1949: als solchen.

nicht erläuternd sagen: Car le rien est plus simple et plus facile que quelque chose.

Was bleibt rätselhafter, dies, daß Seiendes ist, oder dies, daß Sein ›ist‹? Oder gelangen wir auch durch diese Besinnung noch nicht in die Nähe des Rätsels, das sich mit dem Sein des[a] Seienden ereignet[b] hat?

Wie immer auch die Antwort lauten mag, die Zeit dürfte inzwischen reifer geworden sein, die vielfach bekämpfte Vorlesung »Was ist Metaphysik?« einmal von ihrem Ende her zu durchdenken, von i h r e m Ende, nicht von einem eingebildeten.

[a] 5. Auflage 1949: der Unterschied.
[b] 5. Auflage 1949: Ereignis der Vergessenheit des Unterschieds.

WAS IST METAPHYSIK?

»Was ist Metaphysik?« — Die Frage weckt die Erwartung, es werde über die Metaphysik geredet. Wir verzichten darauf. Statt dessen erörtern wir eine bestimmte metaphysische Frage. Dadurch lassen wir uns, wie es scheint, unmittelbar in die Metaphysik versetzen. Wir verschaffen ihr so allein die rechte Möglichkeit, sich selbst vorzustellen.

Unser Vorhaben beginnt mit der Entfaltung eines metaphysischen Fragens, versucht sodann die Ausarbeitung der Frage und vollendet sich mit deren Beantwortung.

Die Entfaltung eines metaphysischen Fragens

Die Philosophie ist — aus dem Blickpunkt des gesunden Menschenverstandes gesehen — nach Hegel die »verkehrte Welt«. Daher bedarf die Eigentümlichkeit unseres Beginnens der vorbereitenden Kennzeichnung. Diese erwächst aus einer doppelten Charakteristik des metaphysischen Fragens.

Einmal umgreift jede metaphysische Frage immer das Ganze der Problematik der Metaphysik. Sie ist je das Ganze selbst. Sodann kann jede metaphysische Frage nur so gefragt werden, daß der Fragende — als ein solcher — in der Frage mit da, d. h. in die Frage gestellt ist. Hieraus entnehmen wir die Anweisung: das metaphysische Fragen muß im Ganzen und aus der wesentlichen Lage des fragenden Daseins gestellt werden. Wir fragen, hier und jetzt, für uns. Unser Dasein — in der Gemeinschaft von Forschern, Lehrern und Studierenden — ist durch die Wissenschaft bestimmt. Was geschieht Wesentliches mit uns im Grunde des Daseins, sofern die Wissenschaft unsere Leidenschaft geworden ist?

Die Gebiete der Wissenschaften liegen weit auseinander. Die Behandlungsart ihrer Gegenstände ist grundverschieden. Diese zerfallene Vielfältigkeit von Disziplinen wird heute nur noch durch die technische Organisation von Universitäten und Fakultäten zusammen- und durch die praktische Zwecksetzung der Fächer in einer Bedeutung gehalten. Dagegen ist die Verwurzelung der Wissenschaften in ihrem Wesensgrund abgestorben.

Und doch — in allen Wissenschaften verhalten wir uns, ihrem eigensten Absehen folgend, zum Seienden selbst. Gerade von den Wissenschaften aus gesehen hat kein Gebiet vor dem anderen einen Vorrang, weder die Natur vor der Geschichte noch umgekehrt. Keine Behandlungsart der Gegenstände überragt die andere. Mathematische Erkenntnis ist nicht strenger als die philologisch-historische. Sie hat nur den Charakter der »Exaktheit«, die mit der Strenge nicht zusammenfällt. Von der Historie Exaktheit fordern, hieße gegen die Idee der spezifischen Strenge der Geisteswissenschaften verstoßen. Der alle Wissenschaften als solche durchherrschende Bezug zur Welt läßt sie das Seiende selbst suchen, um es je nach seinem Wasgehalt und seiner Seinsart zum Gegenstand einer Durchforschung und begründenden Bestimmung zu machen. In den Wissenschaften vollzieht sich — der Idee nach — ein In-die-Nähe-kommen zum Wesentlichen aller Dinge.

Dieser ausgezeichnete Weltbezug zum Seienden selbst ist getragen und geführt von einer frei gewählten Haltung der menschlichen Existenz. Zum Seienden verhält sich zwar auch das vor- und außerwissenschaftliche Tun und Lassen des Menschen. Die Wissenschaft hat aber ihre Auszeichnung darin, daß sie in einer ihr eigenen Weise ausdrücklich und einzig der Sache selbst das erste und letzte Wort gibt. In solcher Sachlichkeit des Fragens, Bestimmens und Begründens vollzieht sich eine eigentümlich begrenzte Unterwerfung unter das Seiende selbst, auf daß es an diesem sei, sich zu offenbaren. Diese Dienststellung der Forschung und Lehre entfaltet sich zum Grunde der Möglichkeit einer eigenen, obzwar begrenzten Führerschaft im Ganzen der menschlichen Existenz. Der besondere Weltbezug der Wissenschaft und die ihn führende Haltung des Menschen sind freilich erst dann voll begriffen, wenn wir das sehen und fassen, was in dem so gehaltenen Weltbezug geschieht. Der Mensch — ein Seiendes unter anderem — »treibt Wissenschaft«. In diesem »Treiben« geschieht nichts Geringeres als der Einbruch eines Seienden, genannt Mensch, in das Ganze des Seienden, so zwar, daß in und durch diesen Einbruch das Seiende in dem, was und wie es ist, aufbricht. Der aufbrechende Einbruch verhilft in seiner Weise dem Seienden allererst zu ihm selbst.

Dieses Dreifache — Weltbezug, Haltung, Einbruch — bringt in seiner wurzelhaften Einheit eine befeuernde Einfachheit und Schärfe des Da-seins in die wissenschaftliche Existenz. Wenn wir das so durchleuchtete wissenschaftliche Da-sein für uns ausdrücklich in Besitz nehmen, dann müssen wir sagen:

Worauf der Weltbezug geht, ist das Seiende selbst — und sonst nichts[a].

Wovon alle Haltung ihre Führung nimmt, ist das Seiende selbst — und weiter nichts.

Womit die forschende Auseinandersetzung im Einbruch geschieht, ist das Seiende selbst — und darüber hinaus nichts.

Aber merkwürdig — gerade in dem, wie der wissenschaftliche Mensch sich seines Eigensten versichert, spricht er, ob ausdrücklich oder nicht, von einem Anderen. Erforscht werden soll nur das Seiende und sonst — nichts; das Seiende allein und weiter — nichts; das Seiende einzig und darüber hinaus — nichts.

Wie steht es um dieses Nichts? Ist es Zufall, daß wir ganz von selbst so sprechen? Ist es nur so eine Art zu reden — und sonst nichts?

---

[a] 1. Auflage 1929: Man hat diesen Zusatz hinter dem Gedankenstrich als willkürlich und künstlich ausgegeben und weiß nicht, daß Taine, der als Vertreter und Zeichen eines ganzen, noch herrschenden Zeitalters genommen werden kann, wissentlich diese Formel zur Kennzeichnung seiner Grundstellung und Absicht gebrauchte.

Allein was kümmern wir uns um dieses Nichts? Das Nichts wird ja gerade von der Wissenschaft abgelehnt und preisgegeben als das Nichtige. Doch wenn wir das Nichts dergestalt preisgeben, geben wir es dann nicht gerade zu? Aber können wir von einem Zugeben sprechen, wenn wir nichts zugeben? Doch vielleicht bewegt sich dieses Hin und Her der Rede bereits in einem leeren Wortgezänk. Dagegen muß jetzt die Wissenschaft erneut ihren Ernst und ihre Nüchternheit behaupten, daß es ihr einzig um das Seiende geht. Das Nichts — was kann es der Wissenschaft anders sein als ein Greuel und eine Phantasterei? Ist die Wissenschaft im Recht, dann steht nur das eine fest: die Wissenschaft will vom Nichts nichts wissen. Dies ist am Ende die wissenschaftlich strenge Erfassung des Nichts. Wir wissen es, indem wir von ihm, dem Nichts, nichts wissen wollen.

Die Wissenschaft will vom Nichts nichts wissen. Aber ebenso gewiß bleibt bestehen: dort, wo sie ihr eigenes Wesen auszusprechen versucht[a], ruft sie das Nichts zu Hilfe. Was sie verwirft, nimmt sie in Anspruch. Welch zwiespältiges[b] Wesen enthüllt sich da?

Bei der Besinnung auf unsere augenblickliche Existenz — als eine durch die Wissenschaft bestimmte — sind wir mitten in einen Widerstreit hineingeraten. Durch diesen Streit hat sich schon ein Fragen entfaltet. Die Frage verlangt nur, eigens ausgesprochen zu werden: Wie steht es um das Nichts?

Die Ausarbeitung der Frage

Die Ausarbeitung der Frage nach dem Nichts muß uns in die Lage bringen, aus der die Beantwortung möglich oder aber die Unmöglichkeit der Antwort einsichtig wird. Das Nichts ist zugegeben. Die Wissenschaft gibt es, mit einer über-

---

[a] 5. Auflage 1949: die positive und ausschließliche Haltung zum Seienden.
[b] 3. Auflage 1931: ontologische Differenz.
  5. Auflage 1949: Nichts als ›Sein‹.

legenen Gleichgültigkeit gegen es, preis als das, was »es nicht gibt«.

Gleichwohl versuchen wir, nach dem Nichts zu fragen. Was ist das Nichts? Schon der erste Anlauf zu dieser Frage zeigt etwas Ungewöhnliches. In diesem Fragen setzen wir im vorhinein das Nichts als etwas an, das so und so »ist« — als ein Seiendes. Davon ist es aber doch gerade schlechthin unterschieden[a]. Das Fragen nach dem Nichts — was und wie es, das Nichts, sei — verkehrt das Befragte in sein Gegenteil. Die Frage beraubt sich selbst ihres eigenen Gegenstandes.

Dementsprechend ist auch jede Antwort auf diese Frage von Hause aus unmöglich. Denn sie bewegt sich notwendig in der Form: das Nichts »ist« das und das. Frage und Antwort sind im Hinblick auf das Nichts gleicherweise in sich widersinnig.

So bedarf es nicht erst der Zurückweisung durch die Wissenschaft. Die gemeinhin beigezogene Grundregel des Denkens überhaupt, der Satz vom zu vermeidenden Widerspruch, die allgemeine »Logik«, schlägt diese Frage nieder. Denn das Denken, das wesenhaft immer Denken von etwas ist, müßte als Denken des Nichts seinem eigenen Wesen entgegenhandeln.

Weil uns so versagt bleibt, das Nichts überhaupt zum Gegenstand zu machen, sind wir mit unserem Fragen nach dem Nichts schon am Ende — unter der Voraussetzung, daß in dieser Frage die »Logik«[b] die höchste Instanz ist, daß der Verstand das Mittel und das Denken der Weg ist, um das Nichts ursprünglich zu fassen und über seine mögliche Enthüllung zu entscheiden.

Aber läßt sich die Herrschaft der »Logik« antasten? Ist der Verstand nicht wirklich Herr in dieser Frage nach dem Nichts? Nur mit seiner Hilfe können wir doch überhaupt das Nichts bestimmen und als ein wenn auch nur sich selbst verzehrendes Problem ansetzen. Denn das Nichts ist die Verneinung der Allheit

[a] 5. Auflage 1949: der Unterschied, die Differenz.
[b] 1. Auflage 1929: d. h. Logik im gewöhnlichen Sinne, was man so dafür nimmt.

des Seienden, das schlechthin Nicht-Seiende. Hierbei bringen wir doch das Nichts unter die höhere Bestimmung des Nichthaften und somit, wie es scheint, des Verneinten. Verneinung ist aber nach der herrschenden und nie angetasteten Lehre der »Logik« eine spezifische Verstandeshandlung. Wie können wir also in der Frage nach dem Nichts und gar in der Frage seiner Befragbarkeit den Verstand verabschieden wollen? Doch ist es so sicher, was wir da voraussetzen? Stellt das Nicht, die Verneintheit und damit die Verneinung die höhere Bestimmung dar, unter die das Nichts als eine besondere Art des Verneinten fällt? Gibt es das Nichts nur, weil es das Nicht, d. h. die Verneinung gibt? Oder liegt es umgekehrt? Gibt es die Verneinung und das Nicht nur, weil es das Nichts gibt? Das ist nicht entschieden, noch nicht einmal zur ausdrücklichen Frage erhoben. Wir behaupten: das Nichts ist ursprünglicher[a] als das Nicht und die Verneinung.

Wenn diese These zu Recht besteht, dann hängt die Möglichkeit der Verneinung als Verstandeshandlung und damit der Verstand selbst in irgendeiner Weise vom Nichts ab. Wie kann er dann über dieses entscheiden wollen? Beruht am Ende die scheinbare Widersinnigkeit von Frage und Antwort hinsichtlich des Nichts lediglich auf einer blinden Eigensinnigkeit[b] des schweifenden Verstandes?

Wenn wir uns aber durch die formale Unmöglichkeit der Frage nach dem Nichts nicht beirren lassen und ihr entgegen die Frage dennoch stellen, dann müssen wir zum mindesten dem genügen, was als Grunderfordernis für die mögliche Durchführung jeder Frage bestehen bleibt. Wenn das Nichts, wie immer, befragt werden soll — es selbst —, dann muß es zuvor gegeben sein. Wir müssen ihm begegnen können.

Wo suchen wir das Nichts? Wie finden wir das Nichts? Müssen wir, um etwas zu finden, nicht überhaupt schon wissen, daß

[a] 5. Auflage 1949: Ursprungsordnung.
[b] 5. Auflage 1949: die blinde Eigensinnigkeit: die certitudo des ego cogito, Subjektivität.

es da ist? In der Tat! Zunächst und zumeist vermag der Mensch nur dann zu suchen, wenn er das Vorhandensein des Gesuchten vorweggenommen hat. Nun aber ist das Nichts das Gesuchte. Gibt es am Ende ein Suchen ohne jene Vorwegnahme, ein Suchen, dem ein reines Finden zugehört?

Wie immer es damit bestellt sein mag, wir kennen das Nichts, wenn auch nur als das, worüber wir alltäglich dahin und daher reden. Dieses gemeine, in der ganzen Blässe des Selbstverständlichen verblichene Nichts, das sich so unauffällig in unserem Gerede herumtreibt, können wir uns sogar kurzerhand in einer »Definition« zurechtlegen:

Das Nichts ist die vollständige Verneinung der Allheit des Seienden. Gibt diese Charakteristik des Nichts am Ende nicht einen Fingerzeig in die Richtung, aus der her es uns allein begegnen kann?

Die Allheit des Seienden muß zuvor gegeben sein, um als solche schlechthin der Verneinung verfallen zu können, in der sich dann das Nichts selbst zu bekunden hätte.

Allein, selbst wenn wir von der Fragwürdigkeit des Verhältnisses zwischen der Verneinung und dem Nichts absehen, wie sollen wir — als endliche Wesen — das Ganze des Seienden in seiner Allheit an sich und zumal uns zugänglich machen? Wir können uns allenfalls das Ganze des Seienden in der »Idee« denken und das so Eingebildete in Gedanken verneinen und verneint »denken«. Auf diesem Wege gewinnen wir zwar den formalen Begriff des eingebildeten Nichts, aber nie das Nichts selbst. Aber das Nichts ist nichts, und zwischen dem eingebildeten und dem »eigentlichen« Nichts kann ein Unterschied nicht obwalten, wenn anders das Nichts die völlige Unterschiedslosigkeit darstellt. Das »eigentliche« Nichts selbst jedoch — ist das nicht wieder jener versteckte, aber widersinnige Begriff eines seienden Nichts? Zum letztenmal sollen jetzt die Einwände des Verstandes unser Suchen aufgehalten haben, das nur durch eine Grunderfahrung des Nichts in seiner Rechtmäßigkeit erwiesen werden kann.

So sicher wir nie das Ganze des Seienden an sich absolut erfassen, so gewiß finden wir uns doch inmitten des irgendwie im Ganzen enthüllten Seienden gestellt. Am Ende besteht ein wesenhafter Unterschied zwischen dem Erfassen des Ganzen des Seienden an sich und dem Sichbefinden inmitten des Seienden im Ganzen. Jenes ist grundsätzlich unmöglich. Dieses geschieht ständig in unserem Dasein. Freilich sieht es so aus, als hafteten wir gerade im alltäglichen Dahintreiben je nur an diesem oder jenem Seienden, als seien wir an diesen oder jenen Bezirk des Seienden verloren. So aufgesplittert der Alltag erscheinen mag, er behält immer noch das Seiende, wenngleich schattenhaft, in einer Einheit des »Ganzen«. Selbst dann und eben dann, wenn wir mit den Dingen und uns selbst nicht eigens beschäftigt sind, überkommt uns dieses »im Ganzen«, z. B. in der eigentlichen Langeweile. Sie ist noch fern, wenn uns lediglich dieses Buch oder jenes Schauspiel, jene Beschäftigung oder dieser Müßiggang langweilt. Sie bricht auf, wenn »es einem langweilig ist«. Die tiefe Langeweile, in den Abgründen des Daseins wie ein schweigender Nebel hin- und herziehend, rückt alle Dinge, Menschen und einen selbst mit ihnen in eine merkwürdige Gleichgültigkeit zusammen. Diese Langeweile offenbart das Seiende im Ganzen.

Eine andere Möglichkeit solcher Offenbarung birgt die Freude an der Gegenwart des Daseins — nicht der bloßen Person — eines geliebten Menschen.

Solches Gestimmtsein, darin einem so und so »ist«, läßt uns — von ihm durchstimmt — inmitten des Seienden im Ganzen befinden. Die Befindlichkeit der Stimmung enthüllt nicht nur je nach ihrer Weise das Seiende im Ganzen, sondern dieses Enthüllen ist zugleich — weit entfernt von einem bloßen Vorkommnis — das Grundgeschehen unseres Da-seins.

Was wir so »Gefühle« nennen, ist weder eine flüchtige Begleiterscheinung unseres denkenden und willentlichen Verhaltens, noch ein bloßer verursachender Antrieb zu solchem, noch ein nur vorhandener Zustand, mit dem wir uns so oder so abfinden.

Doch gerade wenn die Stimmungen uns dergestalt vor das Seiende im Ganzen führen, verbergen sie uns das Nichts, das wir suchen. Wir werden jetzt noch weniger der Meinung sein, die Verneinung des stimmungsmäßig offenbaren Seienden im Ganzen stelle uns vor das Nichts. Dergleichen könnte entsprechend ursprünglich nur in einer Stimmung geschehen, die ihrem eigensten Enthüllungssinne nach das Nichts offenbart.

Geschieht im Dasein des Menschen ein solches Gestimmtsein, in dem er vor das Nichts selbst gebracht wird?

Dieses Geschehen ist möglich und auch wirklich – wenngleich selten genug – nur für Augenblicke in der Grundstimmung der Angst. Mit dieser Angst meinen wir nicht die recht häufige Ängstlichkeit, die im Grunde der nur allzu leicht sich einstellenden Furchtsamkeit zugehört. Angst ist grundverschieden von Furcht. Wir fürchten uns immer vor diesem oder jenem bestimmten Seienden, das uns in dieser oder jener bestimmten Hinsicht bedroht. Die Furcht vor ... fürchtet jeweils auch um etwas Bestimmtes. Weil der Furcht diese Begrenztheit ihres Wovor und Worum eignet, wird der Fürchtende und Furchtsame von dem, worin er sich befindet, festgehalten. Im Streben, sich davor – vor diesem Bestimmten – zu retten, wird er in bezug auf Anderes unsicher, d. h. im Ganzen »kopflos«.

Die Angst läßt eine solche Verwirrung nicht mehr aufkommen. Weit eher durchzieht sie eine eigentümliche Ruhe. Zwar ist die Angst immer Angst vor ..., aber nicht vor diesem oder jenem. Die Angst vor ... ist immer Angst um ..., aber nicht um dieses oder jenes. Die Unbestimmtheit dessen jedoch, wovor und worum wir uns ängstigen, ist kein bloßes Fehlen der Bestimmtheit, sondern die wesenhafte Unmöglichkeit der Bestimmbarkeit. Sie kommt in der folgenden bekannten Auslegung zum Vorschein.

In der Angst – sagen wir – »ist es einem unheimlich«. Was heißt das »es« und das »einem«? Wir können nicht sagen, wovor einem unheimlich ist. Im Ganzen ist einem so. Alle Dinge und wir selbst versinken in eine Gleichgültigkeit[a]. Dies jedoch

---

[a] 5. Auflage 1949: das Seiende spricht nicht mehr an.

nicht im Sinne eines bloßen Verschwindens, sondern in ihrem Wegrücken als solchem kehren sie sich uns zu. Dieses Wegrücken des Seienden im Ganzen, das uns in der Angst umdrängt, bedrängt uns. Es bleibt kein Halt. Es bleibt nur und kommt über uns — im Entgleiten des Seienden — dieses »kein«.
Die Angst offenbart das Nichts.
Wir »schweben« in Angst. Deutlicher: die Angst läßt uns schweben, weil sie das Seiende im Ganzen zum Entgleiten bringt. Darin liegt, daß wir selbst — diese seienden Menschen [a] — inmitten des Seienden uns mitentgleiten. Daher ist im Grunde nicht »dir« und »mir« unheimlich, sondern »einem« ist es so. Nur das reine Da-sein [b] in der Durchschütterung dieses Schwebens, darin es sich an nichts halten kann, ist noch da.

Die Angst verschlägt uns das Wort. Weil das Seiende im Ganzen entgleitet und so gerade das Nichts andrängt, schweigt im Angesicht seiner jedes »Ist«-Sagen. Daß wir in der Unheimlichkeit der Angst oft die leere Stille gerade durch ein wahlloses Reden zu brechen suchen, ist nur der Beweis für die Gegenwart des Nichts. Daß die Angst das Nichts enthüllt, bestätigt der Mensch selbst unmittelbar dann, wenn die Angst gewichen ist. In der Helle des Blickes, den die frische Erinnerung trägt, müssen wir sagen: wovor und worum wir uns ängsteten, war »eigentlich« — nichts. In der Tat: das Nichts selbst — als solches — war da [c].

Mit der Grundstimmung der Angst haben wir das Geschehen des Daseins erreicht, in dem das Nichts offenbar ist und aus dem heraus es befragt werden muß.
Wie steht es um das Nichts?

[a] 5. Auflage 1949: aber nicht der Mensch als Mensch ›des‹ Da-seins.
[b] 5. Auflage 1949: das Da-sein ›im‹ Menschen.
[c] 5. Auflage 1949: heißt: enthüllte sich; Entbergung und Stimmung.

Die Beantwortung der Frage

Die für unsere Absicht zunächst allein wesentliche Antwort ist schon gewonnen, wenn wir darauf achthaben, daß die Frage nach dem Nichts wirklich gestellt bleibt. Hierzu wird verlangt, daß wir die Verwandlung des Menschen[a] in sein Da-sein, die jede Angst mit uns geschehen läßt, nachvollziehen, um das darin offenkundige[b] Nichts in dem festzunehmen, wie es sich bekundet. Damit ergeht zugleich die Forderung, ausdrücklich die Kennzeichnungen des Nichts fernzuhalten, die nicht im Ansprechen desselben erwachsen sind.

Das Nichts enthüllt sich in der Angst — aber nicht als Seiendes. Es wird ebensowenig als Gegenstand gegeben. Die Angst ist kein Erfassen des Nichts. Gleichwohl wird das Nichts durch sie und in ihr offenbar, wenngleich wiederum nicht so, als zeigte sich das Nichts abgelöst »neben« dem Seienden im Ganzen, das in der Unheimlichkeit[c] steht. Wir sagten vielmehr: das Nichts begegnet in der Angst in eins mit dem Seienden im Ganzen. Was meint dieses »in eins mit«[d]?

In der Angst wird das Seiende im Ganzen hinfällig. In welchem Sinne geschieht das? Das Seiende wird doch durch die Angst nicht vernichtet, um so das Nichts übrigzulassen. Wie soll es das auch, wo sich doch die Angst gerade in der völligen Ohnmacht gegenüber dem Seienden im Ganzen befindet. Vielmehr bekundet sich das Nichts eigens mit und an dem Seienden als einem entgleitenden im Ganzen.

In der Angst geschieht keine Vernichtung des ganzen Seienden an sich, aber ebensowenig vollziehen wir eine Verneinung des Seienden im Ganzen, um das Nichts allererst zu gewinnen. Abgesehen davon, daß der Angst als solcher der ausdrückliche Vollzug einer verneinenden Aussage fremd ist, wir kämen auch

[a] 5. Auflage 1949: als Subjekt! Da-sein aber schon denkend hier vorerfahren, nur deshalb die Frage ›Was ist Metaphysik?‹ hier fragbar geworden.
[b] 5. Auflage 1949: Entbergung.
[c] 5. Auflage 1949: Unheimlichkeit und Unverborgenheit.
[d] 5. Auflage 1949: der Unterschied.

mit einer solchen Verneinung, die das Nichts ergeben sollte, jederzeit zu spät. Das Nichts begegnet vordem schon. Wir sagten, es begegne »in eins mit« dem entgleitenden Seienden im Ganzen.

In der Angst liegt ein Zurückweichen vor . . ., das freilich kein Fliehen mehr ist, sondern eine gebannte Ruhe. Dieses Zurück vor . . . nimmt seinen Ausgang vom Nichts. Dieses zieht nicht auf sich, sondern ist wesenhaft abweisend. Die Abweisung von sich ist aber als solche das entgleitenlassende Verweisen auf das versinkende Seiende im Ganzen. Diese im Ganzen abweisende Verweisung[a] auf das entgleitende Seiende im Ganzen, als welche das Nichts in der Angst das Dasein umdrängt, ist das Wesen des Nichts: die Nichtung. Sie ist weder eine Vernichtung des Seienden, noch entspringt sie einer Verneinung. Die Nichtung läßt sich auch nicht in Vernichtung und Verneinung aufrechnen. Das Nichts selbst nichtet[b].

Das Nichten ist kein beliebiges Vorkommnis, sondern als abweisendes Verweisen auf das entgleitende Seiende im Ganzen offenbart es dieses Seiende in seiner vollen, bislang verborgenen Befremdlichkeit als das schlechthin Andere — gegenüber dem Nichts.

In der hellen Nacht des Nichts der Angst ersteht erst die ursprüngliche Offenheit des Seienden als eines solchen: daß es Seiendes ist — und nicht Nichts. Dieses von uns in der Rede dazugesagte »und nicht Nichts« ist aber keine nachgetragene Erklärung, sondern die vorgängige Ermöglichung[c] der Offenbarkeit von Seiendem überhaupt. Das Wesen des ursprünglich nichtenden Nichts liegt in dem: es bringt das Da-sein allererst vor[d] das Seiende als ein solches.

Nur auf dem Grunde der ursprünglichen Offenbarkeit des Nichts kann das Dasein des Menschen auf Seiendes zugehen und

[a] 5. Auflage 1949: ab-weisen: das Seiende für sich; ver-weisen: in das *Sein* des Seienden.
[b] 5. Auflage 1949: als Nichten west, währt, gewährt das Nichts.
[c] 5. Auflage 1949: d. h. Sein.
[d] 5. Auflage 1949: eigens vor Sein des Seienden, vor den Unterschied.

eingehen. Sofern aber das Dasein seinem Wesen nach zu Seiendem, das es nicht ist und das es selbst ist, sich verhält, kommt es als solches Dasein je schon aus dem offenbaren Nichts her.

Da-sein heißt[a]: Hineingehaltenheit in das Nichts.

Sich hineinhaltend[b] in das Nichts ist das Dasein je schon über das Seiende im Ganzen hinaus. Dieses Hinaussein über das Seiende nennen wir die Transzendenz. Würde das Dasein im Grunde seines Wesens nicht transzendieren, d. h. jetzt, würde es sich nicht im vorhinein in das Nichts hineinhalten, dann könnte es sich nie zu Seiendem verhalten[c], also auch nicht zu sich selbst.

Ohne ursprüngliche Offenbarkeit des Nichts kein Selbstsein und keine Freiheit[d].

Damit ist die Antwort auf die Frage nach dem Nichts gewonnen. Das Nichts ist weder ein Gegenstand noch überhaupt ein Seiendes. Das Nichts kommt weder für sich vor noch neben dem Seienden, dem es sich gleichsam anhängt. Das Nichts ist die Ermöglichung der Offenbarkeit des Seienden als eines solchen für[e] das menschliche Dasein. Das Nichts gibt nicht erst den Gegenbegriff zum Seienden her, sondern gehört ursprünglich zum Wesen[f] selbst. Im Sein des Seienden geschieht das Nichten des Nichts.

Allein jetzt muß endlich ein allzu lange zurückgehaltenes Bedenken zu Wort kommen. Wenn das Dasein nur im Sichhineinhalten in das Nichts zu Seiendem sich verhalten, also existieren kann und wenn das Nichts ursprünglich nur in der Angst offenbar wird, müssen wir dann nicht ständig in dieser Angst schweben, um überhaupt existieren zu können? Haben wir aber nicht selbst zugestanden, diese ursprüngliche Angst sei selten? Vor

[a] 1. Auflage 1929: 1.) u. a. nicht nur, 2.) daraus nicht folgern: also ist alles Nichts, sondern umgekehrt: Übernehmen und Vernehmung des Seienden, Sein und Endlichkeit.

[b] 5. Auflage 1949: wer hält ursprünglich?

[c] 5. Auflage 1949: d. h. Nichts und Sein das Selbe.

[d] 5. Auflage 1949: Freiheit und Wahrheit im Vortrag »Vom Wesen der Wahrheit«.

[e] 5. Auflage 1949: nicht ›durch‹.

[f] 5. Auflage 1949: Wesen: verbal; Wesen des Seins.

allem aber, wir existieren doch alle und verhalten uns zu Seiendem, das wir nicht selbst und das wir selbst sind — ohne diese Angst. Ist sie nicht eine willkürliche Erfindung und das ihr zugesprochene Nichts eine Übertreibung?

Doch was heißt es: diese ursprüngliche Angst geschieht nur in seltenen Augenblicken? Nichts anderes als: das Nichts ist uns zunächst und zumeist in seiner Ursprünglichkeit verstellt. Wodurch denn? Dadurch, daß wir uns in bestimmter Weise völlig an das Seiende verlieren. Je mehr wir uns in unseren Umtrieben an das Seiende kehren, um so weniger lassen wir es als solches entgleiten, um so mehr kehren wir uns ab vom Nichts. Um so sicherer aber drängen wir uns selbst in die öffentliche Oberfläche des Daseins.

Und doch ist diese ständige, wenngleich zweideutige Abkehr vom Nichts in gewissen Grenzen nach dessen eigenstem Sinn. Es — das Nichts in seinem Nichten — verweist uns gerade an das Seiende[a]. Das Nichts nichtet unausgesetzt, ohne daß wir mit dem Wissen, darin wir uns alltäglich bewegen, um dieses Geschehen eigentlich wissen.

Was zeugt eindringlicher für die ständige und ausgebreitete, obzwar verstellte Offenbarkeit des Nichts in unserem Dasein als die Verneinung? Diese bringt aber das Nicht keineswegs aus sich als Mittel der Unterscheidung und Entgegensetzung zum Gegebenen hinzu, um es gleichsam dazwischenzuschieben. Wie soll auch die Verneinung das Nicht aus ihr selbst aufbringen, wo sie doch nur verneinen kann, wenn ihr ein Verneinbares vorgegeben ist? Wie soll aber ein Verneinbares und Zu-verneinendes als ein Nichthaftes erblickt werden können, es sei denn so, daß alles Denken als solches auf das Nicht schon vorblickt? Das Nicht kann aber nur offenbar werden, wenn sein Ursprung, das Nichten des Nichts überhaupt und damit das Nichts selbst, der Verborgenheit entnommen ist. Das Nicht entsteht nicht durch die Verneinung, sondern die Verneinung gründet sich auf das

---

[a] 5. Auflage 1949: weil *in* das Sein des Seienden.

Nicht[a], das dem Nichten des Nichts entspringt. Die Verneinung ist aber auch nur eine Weise des nichtenden, d. h. auf das Nichten des Nichts vorgängig gegründeten Verhaltens.

Hierdurch ist in den Grundzügen die obige These erwiesen: das Nichts ist der Ursprung der Verneinung, nicht umgekehrt. Wenn so die Macht des Verstandes im Felde der Fragen nach dem Nichts und dem Sein gebrochen wird, dann entscheidet sich damit auch das Schicksal der Herrschaft der »Logik«[b] innerhalb der Philosophie. Die Idee der »Logik« selbst löst sich auf im Wirbel eines ursprünglicheren Fragens.

So oft und vielfältig nun auch die Verneinung — ob ausgesprochen oder nicht — alles Denken durchsetzt, so wenig ist sie allein der vollgültige Zeuge für die zum Dasein wesenhaft gehörige Offenbarkeit des Nichts. Denn die Verneinung kann weder als das einzige, noch gar als das führende nichtende Verhalten angesprochen werden, darin das Dasein vom Nichten des Nichts durchschüttert bleibt. Abgründiger als die bloße Angemessenheit der denkenden Verneinung ist die Härte des Entgegenhandelns und die Schärfe des Verabscheuens. Verantwortlicher ist der Schmerz des Versagens und die Schonungslosigkeit des Verbietens. Lastender ist die Herbe des Entbehrens.

Diese Möglichkeiten des nichtenden Verhaltens — Kräfte, in denen das Dasein seine Geworfenheit trägt, wenngleich nicht meistert — sind keine Arten des bloßen Verneinens. Das verwehrt ihnen aber nicht, sich im Nein und in der Verneinung auszusprechen. Dadurch verrät sich freilich erst recht die Leere und Weite der Verneinung. Die Durchdrungenheit des Daseins vom nichtenden Verhalten bezeugt die ständige und freilich verdunkelte Offenbarkeit des Nichts, das ursprünglich nur die Angst enthüllt. Darin liegt aber: diese ursprüngliche Angst wird im Dasein zumeist niedergehalten. Die Angst ist da. Sie schläft nur. Ihr Atem zittert ständig durch das Dasein: am

[a] 1. Auflage 1929: gleichwohl hier — wie sonst Aussage — die Verneinung zu nachträglich und äußerlich gefaßt.
[b] 1. Auflage 1929: ›Logik‹, d. h. die *überlieferte* Auslegung des Denkens.

wenigsten durch das »ängstliche« und unvernehmlich für das »Ja Ja« und »Nein Nein« des betriebsamen; am ehesten durch das verhaltene; am sichersten durch das im Grunde verwegene Dasein. Dieses aber geschieht nur aus dem, wofür es sich verschwendet, um so die letzte Größe des Daseins zu bewahren.

Die Angst des Verwegenen duldet keine Gegenstellung zur Freude oder gar zum behaglichen Vergnügen des beruhigten Dahintreibens. Sie steht — diesseits solcher Gegensätze — im geheimen Bunde mit der Heiterkeit und Milde der schaffenden Sehnsucht.

Die ursprüngliche Angst kann jeden Augenblick im Dasein erwachen. Sie bedarf dazu keiner Weckung durch ein ungewöhnliches Ereignis. Der Tiefe ihres Waltens entspricht das Geringfügige ihrer möglichen Veranlassung. Sie ist ständig auf dem Sprunge und kommt doch nur selten zum Springen, um uns ins Schweben zu reißen.

Die Hineingehaltenheit des Daseins in das Nichts auf dem Grunde der verborgenen Angst macht den Menschen zum Platzhalter des Nichts. So endlich sind wir, daß wir gerade nicht durch eigenen Beschluß und Willen uns ursprünglich vor das Nichts zu bringen vermögen. So abgründig gräbt im Dasein die Verendlichung, daß sich unserer Freiheit die eigenste und tiefste Endlichkeit versagt.

Die Hineingehaltenheit des Daseins in das Nichts auf dem Grunde der verborgenen Angst ist das Übersteigen des Seienden im Ganzen: die Transzendenz.

Unser Fragen nach dem Nichts soll uns die Metaphysik selbst vorführen. Der Name »Metaphysik« stammt aus dem griechischen μετὰ τὰ φυσικά. Dieser wunderliche Titel wurde später gedeutet als Bezeichnung des Fragens, das μετά — trans — »über« das Seiende als solches hinausgeht.

Metaphysik ist das Hinausfragen über das Seiende, um es als ein solches und im Ganzen für das Begreifen zurückzuerhalten.

In der Frage nach dem Nichts geschieht ein solches Hinausgehen über das Seiende als Seiendes im Ganzen. Sie ist somit als eine »metaphysische« Frage erwiesen. Von den Fragen solcher Art gaben wir zu Beginn eine doppelte Charakteristik: jede metaphysische Frage umgreift einmal je das Ganze der Metaphysik. In jeder metaphysischen Frage wird sodann je das fragende Dasein mit in die Frage hineingenommen.

Inwiefern durchgreift und umspannt die Frage nach dem Nichts das Ganze der Metaphysik?

Über das Nichts spricht sich die Metaphysik von altersher in einem freilich mehrdeutigen Satze aus: ex nihilo nihil fit, aus Nichts wird Nichts. Wenngleich in der Erörterung des Satzes das Nichts selbst nie eigentlich zum Problem wird, so bringt er doch aus dem jeweiligen Hinblick auf das Nichts die dabei leitende Grundauffassung des Seienden zum Ausdruck. Die antike Metaphysik faßt das Nichts in der Bedeutung des Nichtseienden, d. h. des ungestalteten Stoffes, der sich selbst nicht zum gestalthaften und demgemäß ein Aussehen ($\varepsilon\tilde{\iota}\delta o\varsigma$) bietenden Seienden gestalten kann. Seiend ist das sich bildende Gebilde, das als solches im Bilde (Anblick) sich darstellt. Ursprung, Recht und Grenzen dieser Seinsauffassung werden so wenig erörtert wie das Nichts selbst. Die christliche Dogmatik dagegen leugnet die Wahrheit des Satzes ex nihilo nihil fit und gibt dabei dem Nichts eine veränderte Bedeutung im Sinne der völligen Abwesenheit des außergöttlichen Seienden: ex nihilo fit — ens creatum. Das Nichts wird jetzt der Gegenbegriff zum eigentlich Seienden, zum summum ens, zu Gott als ens increatum. Auch hier zeigt die Auslegung des Nichts die Grundauffassung des Seienden an. Die metaphysische Erörterung des Seienden hält sich aber in derselben Ebene wie die Frage nach dem Nichts. Die Fragen nach dem Sein und dem Nichts als solchen unterbleiben beide. Daher bekümmert auch gar nicht die Schwierigkeit, daß, wenn Gott aus dem Nichts schafft, gerade er sich zum Nichts muß verhalten können. Wenn aber Gott Gott ist, kann er das Nichts nicht kennen, wenn anders das »Absolute« alle Nichtigkeit von sich ausschließt.

Diese rohe historische Erinnerung zeigt das Nichts als Gegenbegriff des eigentlich Seienden, d. h. als dessen Verneinung. Wird aber das Nichts irgendwie Problem, dann erfährt dieses Gegenverhältnis nicht etwa nur eine deutlichere Bestimmung, sondern es erwacht erst die eigentlich metaphysische Fragestellung nach dem Sein des Seienden. Das Nichts bleibt nicht das unbestimmte Gegenüber für das Seiende, sondern es enthüllt sich als zugehörig zum Sein des Seienden.

»Das reine Sein und das reine Nichts ist also dasselbe.« Dieser Satz Hegels (Wissenschaft der Logik I. Buch, WW III, S. 78) besteht zu Recht. Sein und Nichts gehören zusammen, aber nicht weil sie beide — vom Hegelschen Begriff des Denkens aus gesehen — in ihrer Unbestimmtheit und Unmittelbarkeit übereinkommen, sondern weil das Sein selbst im Wesen endlich ist und sich nur in der Transzendenz des in das Nichts hinausgehaltenen Daseins offenbart.

Wenn anders die Frage nach dem Sein als solchem die umgreifende Frage der Metaphysik ist, dann erweist sich die Frage nach dem Nichts von der Art, daß sie das Ganze der Metaphysik umspannt. Die Frage nach dem Nichts durchgreift aber zugleich das Ganze der Metaphysik, sofern sie uns vor das Problem des Ursprungs der Verneinung zwingt, d. h. im Grunde vor die Entscheidung über die rechtmäßige Herrschaft der »Logik«[a] in der Metaphysik.

Der alte Satz ex nihilo nihil fit enthält dann einen anderen, das Seinsproblem selbst treffenden Sinn und lautet: ex nihilo omne ens qua ens fit. Im Nichts des Daseins kommt erst das Seiende im Ganzen seiner eigensten Möglichkeit nach, d. h. in endlicher Weise, zu sich selbst. Inwiefern hat dann die Frage nach dem Nichts, wenn sie eine metaphysische ist, unser fragendes Dasein in sich hineingenommen? Wir kennzeichnen unser jetzt und hier erfahrenes Dasein als wesentlich bestimmt durch die Wissenschaft. Wenn unser so bestimmtes Dasein in die Frage

---

[a] 1. Auflage 1929: d. h. immer der überlieferten Logik und ihr Logos als Ursprung der Kategorien.

nach dem Nichts gestellt ist, dann muß es durch diese Frage fragwürdig geworden sein.

Das wissenschaftliche Dasein hat seine Einfachheit und Schärfe darin, daß es sich in einer ausgezeichneten Weise zum Seienden selbst verhält und einzig zu ihm. Das Nichts möchte die Wissenschaft mit überlegener Geste preisgeben. Jetzt aber wird im Fragen nach dem Nichts offenbar, daß dieses wissenschaftliche Dasein nur möglich ist, wenn es sich im vorhinein in das Nichts hineinhält. Es versteht sich erst dann in dem, was es ist, wenn es das Nichts nicht preisgibt. Die vermeintliche Nüchternheit und Überlegenheit der Wissenschaft wird zur Lächerlichkeit, wenn sie das Nichts nicht ernst nimmt. Nur weil das Nichts offenbar ist, kann die Wissenschaft das Seiende selbst zum Gegenstand der Untersuchung machen. Nur wenn die Wissenschaft aus der Metaphysik existiert, vermag sie ihre wesenhafte Aufgabe stets neu zu gewinnen, die nicht im Ansammeln und Ordnen von Kenntnissen besteht, sondern in der immer neu zu vollziehenden Erschließung des ganzen Raumes der Wahrheit von Natur und Geschichte.

Einzig weil das Nichts im Grunde des Daseins offenbar ist, kann die volle Befremdlichkeit des Seienden über uns kommen. Nur wenn die Befremdlichkeit des Seienden uns bedrängt, weckt es und zieht es auf sich die Verwunderung. Nur auf dem Grunde der Verwunderung — d. h. der Offenbarkeit des Nichts — entspringt das »Warum?«. Nur weil das Warum als solches möglich ist, können wir in bestimmter Weise nach Gründen fragen und begründen. Nur weil wir fragen und begründen können, ist unserer Existenz das Schicksal des Forschers in die Hand gegeben.

Die Frage nach dem Nichts stellt uns — die Fragenden — selbst in Frage. Sie ist eine metaphysische.

Das menschliche Dasein kann sich nur zu Seiendem verhalten, wenn es sich in das Nichts hineinhält. Das Hinausgehen über das Seiende geschieht im Wesen des Daseins. Dieses Hinausgehen aber ist die Metaphysik selbst. Darin liegt: Die Metaphysik gehört zur »Natur des Menschen«. Sie ist weder ein Fach der Schulphilosophie noch ein Feld willkürlicher Einfälle. Die Metaphysik ist das Grundgeschehen im Dasein. Sie ist das Dasein selbst. Weil die Wahrheit der Metaphysik in diesem abgründigen Grunde wohnt, hat sie die ständig lauernde Möglichkeit des tiefsten Irrtums zur nächsten Nachbarschaft. Daher erreicht keine Strenge einer Wissenschaft den Ernst der Metaphysik. Die Philosophie kann nie am Maßstab der Idee der Wissenschaft gemessen werden.

Wenn die aufgerollte Frage nach dem Nichts wirklich von uns mitgefragt wurde, dann haben wir die Metaphysik uns nicht von außen vorgeführt. Wir haben uns auch nicht erst in sie »versetzt«. Wir können uns gar nicht in sie versetzen, weil wir — sofern wir existieren — schon immer in ihr stehen. φύσει γάρ, ὦ φίλε, ἔνεστί τις φιλοσοφία τῇ τοῦ ἀνδρὸς διανοίᾳ (Platon, Phaidros 279 a). Sofern der Mensch existiert, geschieht in gewisser Weise das Philosophieren. Philosophie — was wir so nennen — ist das In-Gang-bringen der Metaphysik, in der sie zu sich selbst und zu ihren ausdrücklichen Aufgaben kommt[a]. Die Philosophie kommt nur in Gang durch einen eigentümlichen Einsprung der eigenen Existenz in die Grundmöglichkeiten des Daseins im Ganzen. Für diesen Einsprung ist entscheidend: einmal das Raumgeben für das Seiende im Ganzen; sodann das Sichloslassen in das Nichts, d.h. das Freiwerden von den Götzen, die jeder hat und zu denen er sich wegzuschleichen pflegt; zuletzt das Ausschwingenlassen dieses Schwebens, auf daß es ständig zurückschwinge in die Grundfrage der Metaphysik, die das Nichts selbst erzwingt: Warum ist überhaupt Seiendes und nicht vielmehr Nichts?

[a] Wegmarken, 1. Auflage 1967: zweierlei gesagt: ›Wesen‹ der Metaphysik und ihre eigene seinsgeschickliche Geschichte; beides später genannt in der ›Verwindung‹.

NACHWORT[1]

Die Frage »Was ist Metaphysik?« bleibt eine Frage. Das folgende Nachwort ist für den, der bei der Frage verharrt, ein anfänglicheres Vorwort. Die Frage »Was ist Metaphysik?« fragt über die Metaphysik hinaus. Sie entspringt einem Denken, das schon in die Überwindung der Metaphysik eingegangen ist. Zum Wesen solcher Übergänge gehört es, daß sie in gewissen Grenzen noch die Sprache dessen sprechen müssen, was sie überwinden helfen. Die besondere Gelegenheit, bei der die Frage nach dem Wesen der Metaphysik erörtert wird, darf nicht zur Meinung verleiten, dies Fragen sei daran gebunden, von den Wissenschaften ausgehen zu müssen. Die neuzeitliche Forschung ist mit anderen Weisen des Vorstellens und mit anderen Arten des Herstellens von Seiendem in den Grundzug derjenigen Wahrheit eingelassen, der gemäß alles Seiende durch den Willen zum Willen gezeichnet ist, als dessen Vorform der »Wille zur Macht« das Erscheinen begonnen hat. »Wille«, als Grundzug der Seiendheit des Seienden verstanden, ist die Gleichsetzung des Seienden mit dem Wirklichen dergestalt, daß die Wirklichkeit des Wirklichen zur bedingungslosen Machbarkeit der durchgängigen Vergegenständlichung ermächtigt wird. Die neuzeitliche Wissenschaft dient weder einem ihr erst angetragenen Zweck, noch sucht sie eine »Wahrheit an sich«. Sie ist als eine Weise der rechnenden Vergegenständlichung des Seienden eine vom Willen zum Willen selbst gesetzte Bedingung, durch die er die Herrschaft seines Wesens sichert. Weil jedoch alle Vergegenständlichung des Seienden in der Beischaffung und Sicherung

---

[1] Der Erstveröffentlichung des »Nachwortes« (1943) war das Motto vorangestellt: »... Metaphysik ist das Wort, wie abstrakt und beinahe auch Denken das Wort ist, vor dem jeder, mehr oder minder, wie vor einem mit der Pest Behafteten davon läuft.« Hegel (1770—1831), WW XVII, p. 400.

des Seienden aufgeht und aus diesem sich die Möglichkeiten ihres Fortgangs beschafft, verharrt die Vergegenständlichung beim Seienden und hält dieses schon für das Sein. Alles Verhalten zum Seienden bezeugt so ein Wissen vom Sein, zugleich aber das Unvermögen, von sich aus im Gesetz[a] der Wahrheit dieses Wissens zu stehen. Diese Wahrheit ist die Wahrheit über das Seiende. Die Metaphysik ist die Geschichte dieser Wahrheit. Sie sagt, was das Seiende sei, indem sie die Seiendheit des Seienden zum Begriff bringt. In der Seiendheit des Seienden denkt die Metaphysik das Sein, ohne doch in der Weise ihres Denkens die Wahrheit des Seins bedenken zu können. Die Metaphysik bewegt sich überall im Bereich der Wahrheit des Seins, die ihr, metaphysisch gesprochen, der unbekannte ungegründete Grund bleibt. Gesetzt aber, daß nicht nur das Seiende dem Sein entstammt, sondern daß auch und anfänglicher noch das Sein selbst in seiner Wahrheit ruht und die Wahrheit des Seins als das Sein der Wahrheit west, dann ist die Frage notwendig, was die Metaphysik in ihrem Grunde sei. Dieses Fragen muß metaphysisch denken und zugleich aus dem Grund der Metaphysik, d. h. nicht mehr metaphysisch, denken. Solches Fragen bleibt in einem wesentlichen Sinne zweideutig.

Jeder Versuch, den Gedankengang der Vorlesung mitzugehen, wird daher auf Hindernisse stoßen. Das ist gut. Das Fragen wird dadurch echter. Jede sachgerechte Frage ist bereits die Brücke zur Antwort. Wesentliche Antworten sind stets nur der letzte Schritt der Fragen. Der aber bleibt unvollziehbar ohne die lange Reihe der ersten und nächsten Schritte. Die wesentliche Antwort schöpft ihre Tragkraft aus der Inständigkeit des Fragens. Die wesentliche Antwort ist nur der Beginn einer Verantwortung. In dieser erwacht das Fragen ursprünglicher. Deshalb wird auch die echte Frage durch die gefundene Antwort nicht aufgehoben.

Die Hindernisse für das Mitdenken der Vorlesung sind zwiefacher Art. Die einen erheben sich aus den Rätseln, die sich im

[a] 5. Auflage 1949: Ge-Setz; Ereignis.

Bereich des hier Gedachten verbergen. Die anderen entspringen dem Unvermögen, oft auch dem Unwillen zum Denken. Im Bereich des denkenden Fragens können bisweilen schon flüchtige Bedenken helfen, vollends gar die sorgfältig überlegten. Auch grobe Irrmeinungen fruchten etwas, selbst wenn sie in der Wut einer verblendeten Polemik ausgerufen werden. Das Nachdenken muß nur alles in die Gelassenheit der langmütigen Besinnung zurücknehmen.

Die vorwiegenden Bedenken und Irrmeinungen zu dieser Vorlesung lassen sich in drei Leitsätze sammeln. Man sagt:

1. Die Vorlesung macht »das Nichts« zum alleinigen Gegenstand der Metaphysik. Weil jedoch das Nichts das schlechthin Nichtige ist, führt dieses Denken zur Meinung, alles sei nichts, so daß es sich nicht lohne, weder zu leben noch zu sterben. Eine »Philosophie des Nichts« ist der vollendete »Nihilismus«.

2. Die Vorlesung erhebt eine vereinzelte und dazu noch gedrückte Stimmung, die Angst, zu der einzigen Grundstimmung. Weil jedoch die Angst der seelische Zustand der »Ängstlichen« und Feigen ist, verleugnet dieses Denken die hochgemute Haltung der Tapferkeit. Eine »Philosophie der Angst« lähmt den Willen zur Tat.

3. Die Vorlesung entscheidet sich gegen die »Logik«. Weil jedoch der Verstand die Maßstäbe alles Rechnens und Ordnens enthält, überantwortet dieses Denken das Urteil über die Wahrheit der zufälligen Stimmung. Eine »Philosophie des bloßen Gefühls« gefährdet das »exakte« Denken und die Sicherheit des Handelns.

Die rechte Stellungnahme zu diesen Sätzen entspringt aus einem erneuten Durchdenken der Vorlesung. Es mag prüfen, ob das Nichts, das die Angst in ihr Wesen stimmt, sich bei einer leeren Verneinung alles Seienden erschöpft, oder ob, was nie und nirgends ein Seiendes ist, sich entschleiert als das von allem Seienden Sichunterscheidende, das wir das Sein nennen. Wo immer und wie weit auch alle Forschung das Seiende absucht, nirgends findet sie das Sein. Sie trifft immer nur das Seiende, weil sie zum voraus in der Absicht ihres Erklärens beim Seienden beharrt. Das Sein jedoch ist keine seiende Beschaffenheit an Seiendem. Das Sein läßt sich nicht gleich dem Seienden gegenständlich vor- und herstellen. Dies schlechthin Andere[a] zu allem Seienden ist das Nicht-Seiende. Aber dieses Nichts[b] west als das Sein. Wir sagen dem Denken zu übereilt ab, wenn wir das Nichts in billiger Erklärung für das bloß Nichtige ausgeben und es dem Wesenlosen gleichsetzen. Statt solcher Übereilung eines leeren Scharfsinns nachzugeben und die rätselhafte Mehrdeutigkeit des Nichts preiszugeben, müssen wir uns auf die einzige Bereitschaft rüsten, im Nichts die Weiträumigkeit dessen zu erfahren, was jedem Seienden die Gewähr[c] gibt, zu sein. Das ist das Sein selbst. Ohne das Sein, dessen abgründiges, aber noch unentfaltetes Wesen uns das Nichts in der wesenhaften Angst zuschickt, bliebe alles Seiende in der Seinlosigkeit. Allein, auch diese ist als die Seinsverlassenheit wiederum nicht ein nichtiges Nichts, wenn anders zur Wahrheit des Seins gehört, daß das Sein[d] nie[2] west[e] ohne das Seiende, daß niemals[3] ein Seiendes ist ohne das Sein.

Eine Erfahrung des Seins als des Anderen zu allem Seienden verschenkt die Angst, gesetzt, daß wir nicht aus »Angst« vor der Angst, d. h. in der bloßen Ängstlichkeit der Furcht, vor der lautlosen[f] Stimme ausweichen, die uns in den Schrecken des Ab-

[2] 4. Auflage (1943): »wohl«[g]. [3] 4. Auflage (1943): »niemals aber«.

[a] 4. Auflage 1943: Auch dies noch metaphysisch vom Seienden her gesagt.
[b] 4. Auflage 1943: vom Seienden.
[c] 5. Auflage 1949: das Gewährende.
[d] 4. Auflage 1943: im Sinne von Seyn.
[e] 5. Auflage 1949: Wesen von Sein: Seyn, Unterschied; ›Wesen‹ von Sein mehrdeutig: 1. Ereignis, nicht durch Seiendes bewirkt, Ereignis — Gewährende; 2. Seiendheit — Washeit: während, dauernd, ἀεί.
[f] 5. Auflage 1949: ›das Sein‹ (Austrag) als die lautlose Stimme, die Stimme der Stille.
[g] 4. Auflage 1943: In der Wahrheit des Seins west das Seyn qua Wesen der Differenz; dieses Seyn qua Seyn ist vor der Differenz das Ereignis und deshalb *ohne* Seiendes.
5. Auflage 1949: Vordeutung auf Seyn qua Ereignis, aber dort (in der 4. Auflage) nicht verständlich.

grundes stimmt. Verlassen wir freilich beim Hinweis auf diese wesenhafte Angst willkürlich den Gang des Denkens dieser Vorlesung, lösen wir die Angst als die von jener Stimme gestimmte Stimmung aus dem Bezug zum Nichts heraus, dann bleibt uns die Angst als vereinzeltes »Gefühl« übrig, das wir im bekannten Sortiment der psychologisch begafften Seelenzustände gegen andere Gefühle unterscheiden und zergliedern können. Am Leitfaden des billigen Unterschieds zwischen »oben« und »unten« lassen sich dann die »Stimmungen« in die Klassen der erhebenden und der niederziehenden verrechnen. Der eifrigen Jagd auf »Typen« und »Gegentypen« der »Gefühle«, auf Abarten und Unterarten dieser »Typen« wird die Beute nie ausgehen. Doch bleibt dieses anthropologische Beforschen des Menschen stets außerhalb der Möglichkeit, im Gedankengang der Vorlesung zu gehen; denn diese denkt aus der Achtsamkeit auf die Stimme des Seins in das aus dieser Stimme kommende Stimmen hinaus, das den Menschen in seinem Wesen in den Anspruch nimmt, damit er das Sein im Nichts erfahren lerne.

Die Bereitschaft zur Angst ist das Ja zur Inständigkeit, den höchsten Anspruch zu erfüllen, von dem allein das Wesen des Menschen getroffen ist. Einzig der Mensch unter allem Scienden erfährt, angerufen von der Stimme des Seins, das Wunder aller Wunder: daß Seiendes ist. Der also in seinem Wesen in die Wahrheit des Seins Gerufene ist daher stets in einer wesentlichen Weise gestimmt. Der klare Mut zur wesenhaften Angst verbürgt die geheimnisvolle Möglichkeit der Erfahrung des Seins. Denn nahe bei der wesenhaften Angst als dem Schrecken des Abgrundes wohnt die Scheu. Sie lichtet und umhegt jene Ortschaft des Menschenwesens, innerhalb deren er heimisch bleibt im Bleibenden.

Die »Angst« vor der Angst dagegen kann sich so weit verirren, daß sie die einfachen Bezüge im Wesen der Angst verkennt. Was wäre alle Tapferkeit, wenn sie nicht in der Erfahrung der wesenhaften Angst ihren ständigen Gegenhalt fände?

In dem Grade, als wir die wesenhafte Angst und den in ihr gelichteten Bezug des Seins zum Menschen herabsetzen, entwürdigen wir das Wesen der Tapferkeit. Diese aber vermag das Nichts auszustehen. Die Tapferkeit erkennt im Abgrund des Schreckens den kaum betretenen Raum des Seins, aus dessen Lichtung erst jegliches Seiende in das zurückkehrt, was es ist und zu sein vermag. Diese Vorlesung betreibt weder eine »Angstphilosophie«, noch sucht sie den Eindruck einer »heroischen Philosophie« zu erschleichen. Sie denkt nur das, was dem abendländischen Denken seit seinem Beginn als das zu Denkende aufgegangen und gleichwohl vergessen geblieben ist: das Sein. Aber das Sein ist kein Erzeugnis des Denkens. Wohl dagegen ist das wesentliche Denken ein Ereignis des Seins.

Darum wird jetzt auch die kaum ausgesprochene Frage nötig, ob denn dieses Denken schon im Gesetz seiner Wahrheit stehe, wenn es nur dem Denken folgt, das die »Logik« in seine Formen und Regeln faßt. Warum setzt die Vorlesung diesen Titel zwischen Anführungsstriche? Um anzudeuten, daß die »Logik« nur e i n e Auslegung des Wesens des Denkens ist, und zwar diejenige, die schon dem Namen nach auf der im griechischen Denken erlangten Erfahrung des Seins beruht. Der Verdacht gegen die »Logik«, als deren folgerichtige Ausartung die Logistik gelten darf, entspringt dem Wissen von jenem Denken, das in der Erfahrung der Wahrheit des Seins, nicht aber in der Betrachtung der Gegenständlichkeit des Seienden, seine Quelle findet. Niemals ist das exakte Denken das strengste Denken, wenn anders die Strenge ihr Wesen aus der Art der Anstrengung empfängt, mit der jeweils das Wissen den Bezug zum Wesenhaften des Seienden innehält. Das exakte Denken bindet sich lediglich in das Rechnen mit dem Seienden und dient ausschließlich diesem.

Alles Rechnen läßt das Zählbare im Gezählten aufgehen, um es für die nächste Zählung zu gebrauchen. Das Rechnen läßt anderes als das Zählbare nicht aufkommen. Jegliches ist nur das, was es zählt. Das jeweils Gezählte sichert den Fortgang des Zählens. Dieses verbraucht fortschreitend die Zahlen und ist selbst ein fortgesetztes Sichverzehren. Das Aufgehen der Rechnung mit dem Seienden gilt als die Erklärung seines Seins. Das Rechnen gebraucht zum voraus alles Seiende als das Zählbare und verbraucht das Gezählte für die Zählung. Dieser verbrauchende Gebrauch des Seienden verrät den verzehrenden Charakter der Rechnung. Nur weil die Zahl ins Endlose vermehrbar ist, und dies unterschiedslos nach der Richtung des Großen und des Kleinen, kann sich das verzehrende Wesen der Rechnung hinter ihren Produkten verstecken und dem rechnenden Denken den Schein der Produktivität leihen, während es doch schon vorgreifend und nicht erst in seinen nachträglichen Ergebnissen alles Seiende nur in der Gestalt des Beistellbaren und Verzehrlichen zur Geltung bringt. Das rechnende Denken zwingt sich selbst in den Zwang, alles aus der Folgerichtigkeit seines Vorgehens zu meistern. Es kann nicht ahnen, daß alles Berechenbare der Rechnung vor den von ihr jeweils errechneten Summen und Produkten schon ein Ganzes ist, dessen Einheit freilich dem Unberechenbaren zugehört, das sich und seine Unheimlichkeit den Griffen der Rechnung entzieht. Was jedoch überall und stets im vorhinein dem Ansinnen der Berechnung sich verschlossen hat und gleichwohl dem Menschen jederzeit schon in einer rätselhaften Unkenntlichkeit näher ist als jedes Seiende, darin er sich und sein Vorhaben einrichtet, kann zuweilen das Wesen des Menschen in ein Denken stimmen, dessen Wahrheit keine »Logik« zu fassen vermag. Das Denken, dessen Gedanken nicht nur nicht rechnen, sondern überhaupt aus dem Anderen des Seienden bestimmt sind, heiße das **wesentliche Denken**[a]. Statt mit dem Seienden auf das Seiende zu rechnen, verschwendet es sich im Sein für die Wahrheit des Seins. Dieses Denken antwortet dem Anspruch des Seins, indem der Mensch sein geschichtliches Wesen dem Einfachen der einzigen Notwendigkeit überantwortet, die nicht nötigt, indem sie zwingt, sondern die Not schafft, die sich in der Freiheit des Opfers erfüllt. Die

---

[a] 5. Auflage 1949: *Rechnen:* Herrschaft − Bestellung; *Denken:* Gelassenheit in die Vereignung des Brauchs − Ent-sagen.

Not ist, daß die Wahrheit des Seins gewahrt wird, was immer auch dem Menschen und allem Seienden zufallen möge. Das Opfer ist die allem Zwang enthobene, weil aus dem Abgrund der Freiheit erstehende Verschwendung des Menschenwesens in die Wahrung der Wahrheit des Seins für das Seiende. Im Opfer ereignet sich der verborgene Dank, der einzig die Huld würdigt, als welche das Sein sich dem Wesen des Menschen im Denken übereignet hat, damit dieser in dem Bezug zum Sein die Wächterschaft des Seins übernehme. Das anfängliche Denken[4] ist der Widerhall der Gunst des Seins, in der sich das Einzige lichtet und sich ereignen[a] läßt[5]: daß Seiendes ist. Dieser Widerhall ist die menschliche Antwort auf das Wort der lautlosen Stimme des Seins. Die Antwort des Denkens[6] ist der Ursprung des menschlichen Wortes, welches Wort erst die Sprache als die Verlautung des Wortes in die Wörter entstehen läßt. Wäre nicht zuzeiten ein verborgenes Denken[7] im Wesensgrunde des geschichtlichen Menschen, dann vermöchte er nie das Danken[8], gesetzt daß in allem Bedenken und in jedem Bedanken[9] doch ein Denken sein muß, das anfänglich die Wahrheit des Seins denkt. Wie anders aber fände je ein Menschentum in das ursprüngliche Danken, es sei denn so, daß die Gunst des Seins durch den offenen Bezug zu ihr selbst dem Menschen den Adel der Armut gewährt, in der die Freiheit des Opfers den Schatz ihres Wesens verbirgt? Das Opfer ist der Abschied vom Seienden auf dem Gang zur Wahrung der Gunst des Seins. Das Opfer kann durch das Werken und Leisten im Seienden zwar vorbereitet und bedient, aber durch solches nie erfüllt werden. Sein Vollzug entstammt der Inständigkeit, aus der jeder geschicht-

---

[4] 4. Auflage (1943): »Das ursprüngliche Danken...«.
[5] 4. Auflage (1943): »... in der es sich lichtet und das Einzige sich ereignen läßt:«.
[6] 4. Auflage (1943): »Die sprachlose Antwort des Dankens im Opfer...«.
[7] 4. Auflage (1943): »Danken«.
[8] 4. Auflage (1943): »Denken«.
[9] 4. Auflage (1943): »Andenken«.
[a] 5. Auflage 1949: Ereignis.

liche Mensch handelnd — auch das wesentliche Denken ist ein Handeln — das erlangte Dasein für die Wahrung der Würde des Seins bewahrt. Diese Inständigkeit ist der Gleichmut, der sich die verborgene Bereitschaft für das abschiedliche Wesen jedes Opfers nicht anfechten läßt. Das Opfer ist heimisch im Wesen des Ereignisses, als welches das Sein den Menschen für die Wahrheit des Seins in den Anspruch nimmt[a]. Deshalb duldet das Opfer keine Berechnung, durch die es jedesmal nur auf einen Nutzen oder eine Nutzlosigkeit verrechnet wird, mögen die Zwecke niedrig gesetzt oder hoch gestellt sein. Solches Verrechnen verunstaltet das Wesen des Opfers. Die Sucht nach Zwecken verwirrt die Klarheit der angstbereiten Scheu des Opfermutes, der sich die Nachbarschaft zum Unzerstörbaren zugemutet hat.

Das Denken des Seins sucht im Seienden keinen Anhalt. Das wesentliche Denken achtet auf die langsamen Zeichen des Unberechenbaren und erkennt in diesem die unvordenkliche Ankunft des Unabwendbaren. Dies Denken ist aufmerksam auf die Wahrheit des Seins und hilft so dem Sein der Wahrheit, daß es im geschichtlichen Menschentum seine Stätte findet. Dies Helfen bewirkt keine Erfolge, weil es der Wirkung nicht bedarf. Das wesentliche Denken hilft als einfache Inständigkeit im Dasein, sofern an ihr, ohne daß sie darüber verfügen oder davon auch nur wissen könnte, ihresgleichen sich entzündet.

Das Denken, gehorsam der Stimme des Seins, sucht diesem das Wort, aus dem die Wahrheit des Seins zur Sprache kommt. Erst wenn die Sprache des geschichtlichen Menschen aus dem Wort entspringt, ist sie im Lot. Steht sie aber im Lot, dann winkt ihr die Gewähr der lautlosen Stimme verborgener Quellen. Das Denken des Seins hütet das Wort und erfüllt in solcher Behutsamkeit seine Bestimmung. Es ist die Sorge für den Sprachgebrauch. Aus der langbehüteten Sprachlosigkeit und aus der sorgfältigen Klärung des in ihr gelichteten Bereiches kommt das Sagen des Denkers. Von gleicher Herkunft ist das Nennen des

---

[a] 5. Auflage 1949: er-eignet, braucht.

Dichters. Weil jedoch das Gleiche nur gleich ist als das Verschiedene, das Dichten und das Denken aber am reinsten sich gleichen in der Sorgsamkeit des Wortes, sind beide zugleich am weitesten in ihrem Wesen getrennt. Der Denker sagt das Sein. Der Dichter nennt das Heilige. Wie freilich, aus dem Wesen des Seins gedacht, das Dichten und das Danken und das Denken zueinander verwiesen und zugleich geschieden sind, muß hier offenbleiben. Vermutlich entspringen Danken und Dichten in verschiedener Weise dem anfänglichen Denken, das sie brauchen, ohne doch für sich ein Denken sein zu können.

Man kennt wohl manches über das Verhältnis der Philosophie und der Poesie. Wir wissen aber nichts von der Zwiesprache der Dichter und Denker, die »nahe wohnen auf getrenntesten Bergen«.

Eine der Wesensstätten der Sprachlosigkeit ist die Angst im Sinne des Schreckens, in den der Abgrund des Nichts den Menschen stimmt. Das Nichts als das Andere zum Seienden ist der Schleier des Seins[a]. Im Sein hat sich anfänglich jedes Geschick des Seienden schon vollendet.

Die letzte Dichtung des letzten Dichters im anfänglichen Griechentum, der Oedipus auf Kolonos des Sophokles, schließt mit dem Wort, das sich unnachdenkbar auf die verborgene Geschichte dieses Volkes zurückwendet und dessen Eingang in die ungekannte Wahrheit des Seins aufbewahrt:

> ἀλλ' ἀποπαύετε μηδ' ἐπὶ πλείω
> θρῆνον ἐγείρετε·
> πάντως γὰρ ἔχει τάδε κῦρος.

> Doch laßt nun ab, und nie mehr fürderhin
> Die Klage wecket auf;
> Überallhin nämlich hält bei sich das Ereignete
>   verwahrt ein Entscheid der Vollendung.

---

[a] 5. Auflage 1949: Das Nichts: das Nichtende, d. h. als Unterschied, ist als Schleier des Seins, d. h. des Seyns im Sinne des Ereignisses des Brauchs.